고조선 문자 2
고조선 문자 계통도

지은이 **허대동**

경남 합천이 고향이며 진주고등학교를 졸업하고 부산대학교에서 독어교육을 전공하고 영어교육을 부전공하였다. 양산여고(당시 양산여상)에서 근무하였으며, 현재 경남 양산 여자중학교에서 근무 중이다. 명도전 문자를 2년 동안 연구하여 고조선 상형한글임을 밝힌 세계 최초의 학자이다. 저서로는 『사상의학: 아들이 묻고 아버지가 답한』(1993, 편저), 『대나무 구멍으로 하늘 보기』(1993), 『황제내경소문대요』(1999), 『고조선 문자』(2011)가 있다.

고조선 문자 2
: 고조선 문자 계통도

© 허대동, 2013

1판 1쇄 발행__2013년 02월 25일
1판 2쇄 발행__2018년 11월 10일

지은이__허대동
펴낸이__양정섭

펴낸곳__도서출판 경진
　　　　등록__제2010-000004호
　　　　이메일__mykyungjin@daum.net
　　　　사업장주소__서울특별시 금천구 시흥대로 57길(시흥동) 영광빌딩 203호
　　　　전화__070-7550-7776　팩스__02-806-7282
　　　　주소__경기도 광명시 하안로 180-14 우림필유 101-212

값 14,000원
ISBN 978-89-5996-192-4 93710

※ 이 책은 본사와 저자의 허락 없이는 내용의 일부 또는 전체를 무단 전재나 복제, 광전자 매체 수록 등을 금합니다.
※ 잘못된 책은 구입처에서 바꾸어 드립니다.

고조선 문자 계통도

고조선 문자 2

우리 문자의 원형을 찾는 그 두 번째 수사 기록!

허대동 지음

도서출판 경진

본 글에 들어가기 전에

우리 한글의 기원은 어디일까요? 흔히 세종대왕의 한글 창제라고 알고 있지만, 세종대왕 본인께서는 새로이 만든 신제新製라고 하셨습니다. 저는 신제에 상대하여 그 이전의 구제舊製의 존재를 명도전 위의 '고조선 문자'라고 밝혔습니다. 이 고조선 문자는 한글이기도 하고 상형문자이기도 한 혼합 문자였습니다.

이 글은 그 후속편으로 명도전 이전의 첨수도尖首刀, 또 그 이전의 침수도針首刀 문자를 살펴보는 수사 보고서입니다. 주로 첨수도와 침수도를 심도 깊게 다루고, 다음으로 고조선 문자로부터 현대 한글에 이르는 과정을 도표로 완성해 보았습니다. 수사 참고자료에서는 문자의 연원이 고조선을 넘어 환웅 시대-신석기 시대-의 바위 문자와 토기문자에 이어진다는 내용을 담았습니다. 이번 연구는 이전 명도전 화폐 연구에 더하여 또 하나의 고대 한글 연구 자료로서 충분한 역할을 할 것이라 확신합니다.

고마운 인사를 올립니다.

이글이 나오기까지 여러 면에서 지원을 해주신 유라시안 네트워크 이민화 이사장님께 먼저 감사의 인사를 올립니다. 글그림을 그려주신 글그림 작가이신 거람 김반석 선생님께도 감사의 인사를 올립니다. 늘 말 없는 가르침을 주시는 어머니, 멀리서 응원해주는 미경, 정희 동생들, 어려운 상황에서도 옆에서 연구를 격려해준 아내와 두 딸에게도 고마움을 전합니다. 끝으로 새로운 학설을 기꺼이 출판해 주신 도서출판 경진의 양정섭 사장님, (주)글로벌콘텐츠출판그룹의 홍정표 사장님과 편집부 직원 분들에게도 고마운 인사를 올립니다.

2013년 1월
저자 씀

차례

본 글에 들어가기 전에 _____ 4

1부: 첨수도 문자 자료 수사

1장 >>> 다시 수사에 나서면서 _____ 10
2장 >>> 첨수도 문자 _____ 16
3장 >>> 첨수도 초기 수사 _____ 19

2부: 첨수도와 첨수도 문자 수사

4장 >>> 침수도와 첨수도 문자 개별 해석 _____ 40

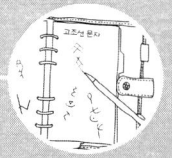

3부: 고조선 문자 흐름도

5장 〉〉〉 고조선 문자 계통도 _____ 114
6장 〉〉〉 수사 최종 보고서 및 참고자료 _____ 235

　　참고문헌 _____ 268

일러두기

1. 이 해석에 사용된 원 자료는 Daum 'civil' 님 블로그 공개 자료와 『선진화폐문자편(先秦貨幣文字編)』(吳良寶, 福建人民出版社, 2006)에서 참고하였으며, 특별한 표시가 없는 한 이 두 자료를 기본 자료로 사용하였음을 나타낸다.

2. 사진자료는 중국 블로그 〈고천원지(古泉園地, http://www.chcoin.com)〉에서 가져왔다.

3. 국어사전은 민중국어사전이다.

4. 옛말의 출처는 Daum 국어사전에 수록된 책에서 나온 것이다.

5. 다른 책에서 인용한 문장은 원 자료의 부호를 그대로 사용하였다.

6. 고조선 문자 목록 표시에는 현대 한글 표현으로 하였다.

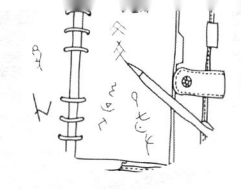

1부 첨수도 문자 자료 수사

1장... 다시 수사에 나서면서

명도전明刀錢 문자가 고조선 문자인가 중국 연나라 문자인가에 대한 국적 수사를 하여, 왜 명도전 문자가 고조선 문자인가를 본인의 저서 『고조선 문자』1)에서 증명을 하였습니다.

이 책을 출판하기 전에 트윗을 통해서 방송 신문 분야에 종사하시는 분들을 많이 알아 두었기 때문에, 저는 곧 방송 신문에 대문짝만하게 제 혁신적인 연구가 소개될 것으로 예상했습니다. 「훈민정음의 자방고전字倣古篆의 고전古篆 정체를 밝히다」 혹은 「명도전 뒷면에서 한글의 원형을 찾았다」 등의 기사 제목이 방송과 신문에 나리라 생각했습니다. 그러나 몇 건의 기사 소개 외에 큰 움직임은 없고, 제가 요청한 토론회나 발표회 소식도 없습니다. 그런 와중에 유라시안 네트워크에서 다시 지원을 받아 『고조선 문자 2』를 집필하면서, 첫 번째 출판에서 아쉬웠던 점을 생각해 보았습니다. 수사 형식의 이야기 전개 양식은 좋았으나 글이 연구서 형식의 어려운 문체로 채워질 수밖에 없는 한계가 있었습니다. 그래서 이번 글의 문체는 좀 가벼웠으면 했고 더운 한 여름 밤의 빗줄기 같은 느낌으로 표현하고자 했습니다. 다. 그러나 이 작업의 원래 취지는 '첨수도尖首刀' 위의 문자 국적을

---

1) 『고조선 문자』, 도서출판 경진, 2011.

수사한다는 것이기에 연구서라는 한계가 있습니다. 그래서 가벼운 문체로 적고자하는 제 의도가 어느 정도 반영될지는 미지수입니다. 이번 수사는 첨수도와 침수도(針首刀)에 대한 수사로 명도전 수사 다음의 두 번째 수사 기록입니다. 이번 수사의 초점은 첨수도에 있습니다. 첨수도의 국적과 그 문자의 의미를 해석해 보는 과정입니다. 제가 고조선칼돈[2]인 명도전(明刀錢)의 고조선 문자를 연구 출판할 즈음에는 첨수도의 문자가 어떤 의미를 가졌는가 정확히 해석하지 못 하고, 다만 소리 문자가 아닐까 하는 정도의 초기 연구가 있었습니다. 그 이 후 계속적인 해석을 통해 이 첨수도 위 문자도 상형의 원리가 포함된 고조선 문자로 판단하였고, 그 판단 근거는 역시 고조선칼돈인 명도전의 문자였습니다. 이제 다시 고조선칼돈인 명도전 문자를 거슬러 올라가 첨수도 문자를 해석해 보겠습니다. 연어가 물길을 거슬러 고향으로 헤엄쳐 올라가는 기분이 듭니다. 고향으로 가는 길은 쉬운 여정이 아닐 것입니다. 가다가 만나는 장애물은 역시 이 문자가 중국 한자 계통의 문자가 아닐까 하는 의구심일 것입니다. 이제 다시 문자 수사관이 되어 이 첨수도 문자도 고조선칼돈 문자처럼 우리 선조들의 문자임을 규명하고자 합니다.

1. 첨수도(尖首刀)와 침수도(針首刀)

먼저 첨수도와 침수도란 용어의 의미가 무엇인지 알아보겠습니다. 이 의미는 명도전의 이전 형태의 화폐를 가리키며 끝이 뾰족한 모양을 따라 붙인 이름입니다. 첨수도는 고조선칼돈인 명도전보다 끝 부분이 날카롭습니다. 이 형태를 보고서 중국 측에서 먼저 붙인 이름입니다. 실물 사진자료를 보겠습니다.

---
[2] 이 용어는 임재해 교수님의 제안에 의한 용어로 앞으로 명도전(明刀錢)이란 용어를 대신합니다.

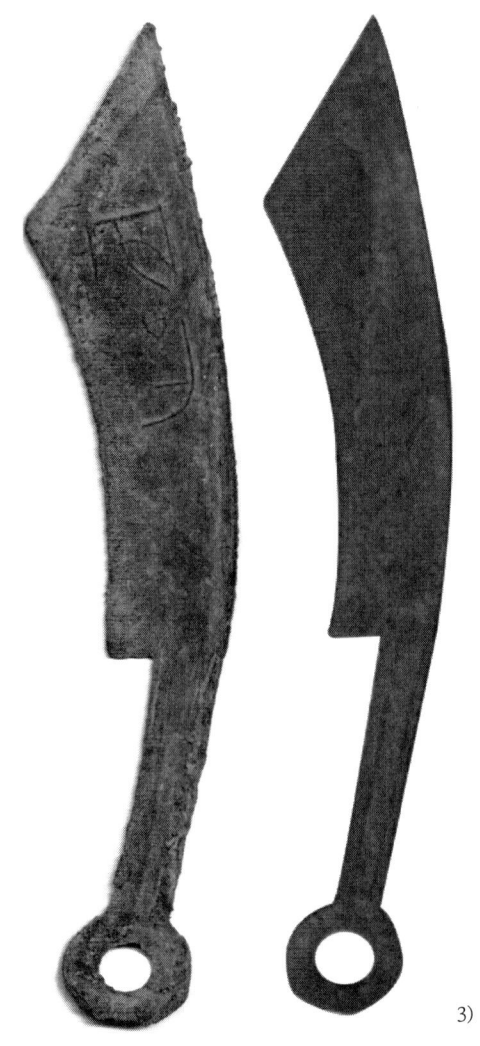

3)

 이 사진은 최근에 찾은 첨수도 자료입니다. 보시다시피 화폐의 전체 모습은 칼 모양입니다. 끝부분은 명도전보다 훨씬 날카롭습니다. 이

---

3) 출처: 〈고천원지〉, 사진 속 문자들은 모두 '연날리기'라는 문자를 다른 필체의 상형한 글로 표현하였다고 생각합니다.

칼 모양 화폐 전면에 문자가 있습니다. 그림을 그린 듯합니다. 맨 위의 문자는 무엇을 의미할까요? 이 문자만 처음 보면 잘 알 수 없습니다. 그러나 저는 '고조선칼돈'에서 '연날리기'를 해석한 적이 있기에 이 문자를 확인할 수 있습니다. 일반적으로 어떤 생각이 날 경우 이를 도표로 만들어 보면, 그 내용이 일목요연하게 다가옵니다. 그러면 이 문자의 해석을 도표 형식의 수사 기록지에 적어 보겠습니다.

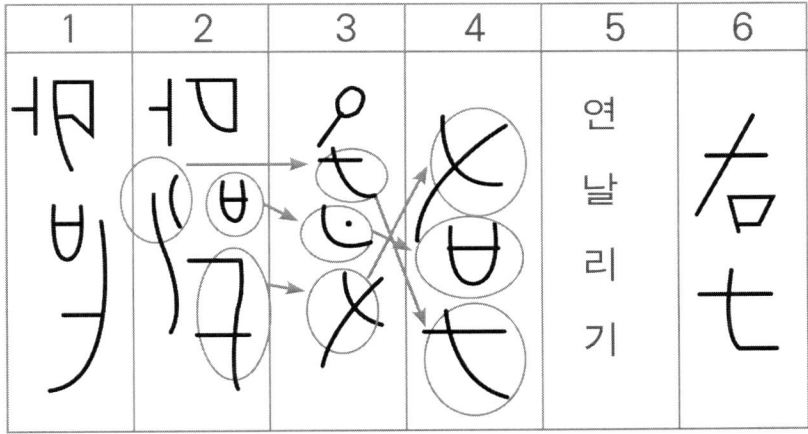

아주 복잡한 듯이 보이는 도표입니다. 설명을 들어 보시면 조금은 이해의 공간이 넓어질 것입니다. 도표를 번호별로 설명해보겠습니다.

1. 2.는 〈고천원지〉 사진. 위의 첨수도 문자입니다. '연날리기'라 해석해 봅니다.
3. 연날리기의 고조선칼돈 문자입니다. 맨 위는 연을 표현하고, '날리기'란 음가를 가지고, 아이가 연을 하늘 높이 날리며 달리기 하는 모습을 표현했다고 봅니다.
4. 고조선칼돈 문자인데 아래서 위로 '날리기'라고 해석해봅니다. 중국에서는 6의 '右七'이라 해석합니다.

5. '연날리기' 현 한글입니다.
6. 중국에서는 4를 '右七'이라 해석합니다.

특히 '연鳶' 부분은 첨수도 2개의 문자와 고조선칼돈 문자에서 확실히 알 수 있는 문자입니다. 아래 문자는 사람이 연줄을 잡고 있는 모습을 표현했습니다. 1번 첨수도 문자에서는 그 상형의 모습을 많이 볼 수 있고, 2번 첨수도 문자에서는 그 소리 문자의 모습을 많이 볼 수 있습니다. 문자 해석에 관한 맛보기 수사는 이 정도로 하고, 문자의 외형을 한 번 더 살펴봅시다. 첨수도에는 고조선칼돈에 보이는 '흐' 모양의 국명 부분이 안 보입니다. 다만 뒷면에 일부 한자와 같은 문자와 다양한 기호가 보입니다. 첨수도는 첨수도 이전의 화폐 형태로 화폐의 끝이 마치 침針처럼 매우 뽀족한 화폐를 표현합니다.

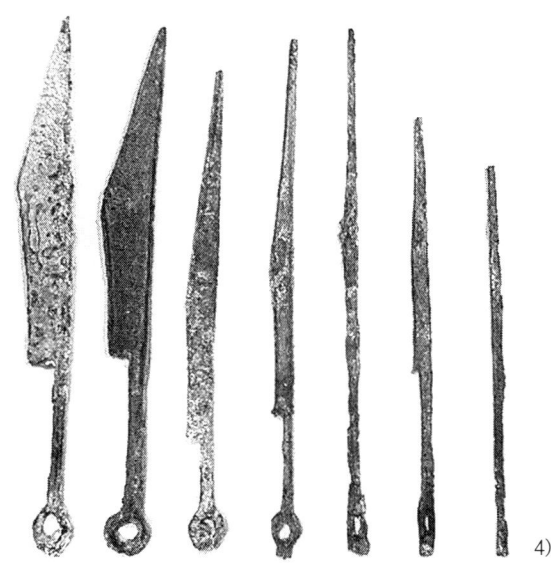

4) 출처: 〈고천원지〉.

사진으로 침수도의 다양한 형태를 볼 수 있습니다. 화폐의 끝이 침처럼 보이지요. 이 침수도 화폐 다음으로 사용의 편리성을 위해 끝부분이 무디어져 첨수도가 되었습니다. 첨수도의 시기가 지난 후, 다시 끝 부분이 다듬어져 고조선칼돈이 되었습니다. 침수도 위에도 문자를 확인할 수 있으나, 그 양은 첨수도보다 적습니다.

2. 시간을 거슬러 올라가는 화폐 여행

화폐를 통해서 우리는 연어처럼 문자의 고향을 찾아 시간의 물길을 거슬러 올라갈 수 있습니다. 중국학자들은 처음에 첨수도와 침수도 문자를 중국 연나라 문자라고 했지만, 그 위의 문자가 도저히 한자 계통의 문자가 아니고 간단한 부호 형식의 문자이니 요즘은 '북융北戎'5)의 화폐 혹은 '중산국中山國'6)의 화폐라고 진술 변경을 하고 있습니다. 진술 변경을 하는 사람의 진술은 거짓입니다. 실체가 없기 때문이지요. 고조선칼돈 위의 국명 부분 문양도 중국학자들은 연의 별칭 소召, 이易, 언匽이라고 했다가 최근에는 명明이라 진술 변경합니다. 그러면 중국학자들은 왜 진술 변경을 하였을까요? 이제부터 그 진실의 고향을 찾아가보겠습니다.

---

5) 보통 산융(山戎)이라 불린 민족이다. 중국 춘추(春秋)시대에 산서성(山西省) 태원(太原)에 살다가 후에 하북성으로 옮겼기에 '북융'이라는 별칭이 붙었다.
6) 백적(白狄)의 선우(鮮虞)가 하북성(河北省) 중부에 세운 나라로, 기원전 296년 조(趙)나라에 의해 멸망되었다(BC. 506~BC. 296). 이 백적은 동이의 구족 중 백이(白夷)라고 본다.

2장... 첨수도 문자

1. 자료 출처

수사! 수사의 기본은 핵심적인 정보를 파악해 내는 자료를 수집하는 것입니다. 이전에 자료의 구입 주된 경로는 책이었지만, 요즘은 책 외에도 인터넷 매체를 통해서 수사에 필요한 자료를 구할 수 있습니다. 특히 이 첨수도 화폐 분야는 현 중국 영토 내에서 발견된 자료가 주된 자료이므로 인터넷 자료 탐색은 필수라고 봅니다. 수사에 필요한 자료는 네 군데 있습니다. 이 네 군데는 다음과 같습니다.

1) Daum 블로그 'civil'님의 자료 중에 첨수도 자료
2) 吳良寶, 『선진화폐문자편先秦貨幣文字編』, 福建人民出版社, 2006.
3) 黃錫全, 『선진화폐연구先秦貨幣研究』, 中華書局, 2000.
4) 중국 웹 〈고천원지古泉園地(http://www.chcoin.com)〉.

1)은 우리나라 블로그이고, 2)와 3)은 책명, 4)는 중국 인터넷 상의 웹입니다. 특히 4)의 중국 웹 〈고천원지古泉園地(http://www.chcoin.com)〉는 현재에도 고대에서 현대까지 각종 화폐가 실물 사진으로 올라오는 곳으로 화폐와 문자 연구가들에게 아주 유용한 자료들로 가득 차 있습니다.

2. 국적 추적

제 '고조선 문자' 연구서가 출판되기 전까지 국내외와 중국학자들의 견해는 명도전 문자가 중국 연나라 문자이므로 그 선대 모형인 첨수도와 첨수도 문자도 중국 연나라 문자라고 했습니다. 그런데 제가 이 첨수도 문자도 고조선 선조들의 문자임을 증명해 보고자 합니다. 다음에 보여드릴 Daum 블로그 'civil' 님의 첨수도 자료를 보시게 되면 몇 자의 기본 한자漢字를 제외하고 거의 대부분 문자가 한자가 아닙니다.

7)

한자 공부를 하신 분들은 위 문자들을 전체적으로 훑어보아 이 문자들이 복잡한 필획을 가진 한문이 아니라는 것을 당장 알 수 있습니다. 먼저 한자漢字라 가정하고 위에서부터 기본 한자를 순서대로 찾아보면, 숫자 一(일), 二(이), 三(삼), 上下(상하), 干(간), 土(토), 个(개), 口(구), 工(공), 勺(작), 王(왕), 己(기), 大(대), 占(점), 中(중), 吉(길)입니다. 물론 이 문자 해석은 『선진화폐문자편』(吳良寶 편찬, 복건인민출판사, 2006)에도 나와 있고, 현재 세계 학계의 공통된 해석입니다. 그리고 누구나

---

7) 이 자료는 Daum 블로그 'civil' 님의 공개 자료로서 고대 문자 연구책인 『선진화폐문자편』을 찾아 연구하기 전 가장 기초적인 연구 자료이었습니다.

그렇게 생각할 수밖에 없습니다. 하지만 이 문자는 중국의 한자가 아니라, 고조선 문자입니다. 이는 차츰 수사 과정에서 그 진실이 밝혀질 것입니다. 그리고 위의 Daum 블로그 'civil' 님의 공개 자료 에는 다양한 부호 문자들이 160여 개가 있습니다. 여기 160여 개의 문자가 과연 한자일까요? 은나라의 갑골문 한자도 아니고, 주나라의 금문도 아니고, 춘추전국의 주요 육국문자六國文字도 아니고, 중산국의 과두문 蝌蚪文8)도 아닙니다. 지금까지 존재하는 여러 중국 문자와는 전혀 다른 새로운 문자입니다. 이 문자의 정체는 무엇일까요? 만약 한글 혹은 알파벳으로 보게 되면 어떤 문자를 찾아 볼 수 있을까요? 위에서부터, X, ㅅ, △, W, Z, Y, ㅁ, ㅇ, ㅍ, U, Γ, ㄹ, S, A, ㄱ, 大 을 확인할 수 있습니다. 기본 한자가 어느 정도 있고, 현 한글과 알파벳도 어느 정도 있고, 그 외 한글과 알파벳에서 획수를 추가한 모습 3가지를 확인 할 수 있습니다. 수사의 방향을 한자로 할까 한글로 할까 어느 쪽으로 먼저 해야 하는가 고민을 했습니다. 수사 초기에는 고조선칼 돈 문자 수사처럼 이 첨수도 문자 수사도 그 의미를 제대로 이해하지 못해서 엉뚱한 해석을 하였습니다. 연어가 고향으로 돌아가는 강물의 어귀를 찾아 헤매듯이, 첨수도 문자의 원래 국적을 찾아 수사를 한 그 흔적을 제 블로그에서 찾아봅니다.

---

8) 과두문(蝌蚪文): 문자 글씨체가 마치 올챙이를 닮아서 붙인 서체 이름, 주로 전국시대의 중산국을 중심으로 사용.

3장... 첨수도 초기 수사

1. 첨수도 수사 시작

초기 수사 기록을 제 블로그에서 확인해 보겠습니다. 이 당시 이미 고조선칼돈[9]을 거의 해석했던 단계였음에도 불구하고, 이 첨수도 문자의 정체를 잘 알 수가 없었습니다. 다만 문자 안에서 '상형象形'의 원리를 조금 보았다는 정도입니다.

첨수도 문자 수사는 2009년 4월 3일 이렇게 시작합니다.

첨수도 위의 문자도 'civil' 님께서 잘 정리해두었습니다. 만약 이 문자가 진본이라면-사진으로 보니 진본일 듯합니다-정말 놀라워서 입이 다물어 지지 않습니다. 이전에 제가 주장한 내용이 거의 담겨있 습니다.

1) 일각에서 한자의 필법이 직선적인 필법을 가지게 된 것은 고조선 부여 문자의 영향이라 주장하는데, 이 첨수도 위의 화폐문은 이를 증명합니다. 2) 갑골문과 또 다른 고조선식 상형문자 체계-한글알파벳

---

[9] 이제 부터는 '명도전'이란 용어 대신 '고조선칼돈'이라고만 하겠습니다.

이라 볼 수도 있겠지만, 현재로는 상형문자로 봅니다-가 있었습니다.

먼저 문자 중에 쉽게 해석할 수 있는 문자부터 해석을 시도해 보겠습니다.

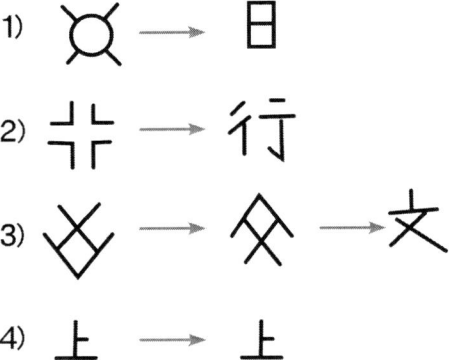

1)의 이 문자는 고조선식 '해日' 상형 화폐문일 것입니다. 혹은 '거북이龜'를 나타낸다고 볼 수도 있습니다. 2)는 행行으로 갑골문에서 볼 수 있는데, 고조선에서도 동시대에 사용된 동일 문자로 보입니다. 3)은 문文으로 봅니다. 고조선칼돈 문자 '달집태우기'에 들어 있는 한 자로서 연鳶모양을 나타내며, 연 안에 문자를 적는다 해서 고대 文으로 이미 해석한 글자입니다. 4)는 上으로 봅니다. 현 한자가 上으로 만들어진 원인은 고조선 상형 화폐문의 영향이라 봅니다.

上, 下, 土, 干, 王, 中, 칼, 用, 大와 숫자 1~10('civil'님 의견에 1, 2, 3, 5, 6, 7, 8, 9 동의), 또 고대 한글알파벳 순서인 듯한 규칙문자들이 있습니다. 이전에 공부한 천간지지의 '갑을병정무기경신임계'도 들어 있습니다. 十은 甲, S는 乙, ㅇ과 ㅁ은 丁, ㄹ은 己, 영어 工는 壬, X는 癸라고 생각합니다.

재수사 시점(2011.11.1)에서 위 초기 해석을 평가해 보겠습니다. 첫 수사 기록의 위 내용은 일반 중국학자들의 해석 수준에 머무르고 있습니다. 재수사 완료 후 해석 내용을 공개합니다.
　1)의 경우는 고조선 문자 '해太陽'로서, 고조선칼돈 문자인 '흐太陽'이전의 문자입니다. 즉 첨수도 문자 ㅇ는 태양을 표현하고, 주변 선은 햇살을 표현한다고 봅니다. 이 문자가 다른 문자체로 변화해서 '흐太陽'가 되었다고 봅니다. 2)의 경우는 일반적으로 行으로 해석할 수밖에 없는 문자입니다.『선진화폐문자편』32쪽에 첨수도 문자 8개가 나오는데 문자 모습이 모두 다릅니다. 하지만 중국학자는 行 한자로만 해석하고 있습니다. 32~33쪽에 침수도 문자도 7개나 제시되어 있고 역시 문자의 모양새가 모두 다릅니다. 첨수도 문자 자료를 확인해 보겠습니다.

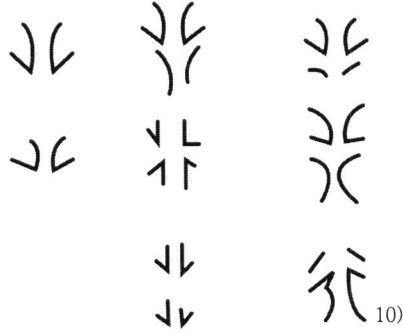

　지금 제가 위 8개의 첨수도 문자가 다르다고 하니, 여러분들이 다른 문자라고 인식하는 것입니다. 일반 사람들은 그냥 중국학자들이 行이라 했으니, 行이겠지 하고 넘어가는 문자들입니다. 물론 저도 이 『선진화폐문자편』32~33쪽 자료를 확보하고서도 상당 기간 行으로

---

10) 『선진화폐문자편』32쪽에 나오는 行으로 모두 다른 모습이다. 하지만 중국학자들은 모두 行으로 본다.

만 인식하였습니다. 최근에 와서야 오른쪽 맨 위 문자는 '염소'의 얼굴 부위를 그린 문자라고 보고, 그 아래는 '나비나 곤충', 그 아래는 사람이 비옷인 '도롱이'를 입은 모습이라 보았습니다. 중간 줄의 문자는 맨 위가 '나무 종류'를 표현하고, 중간은 '큰 길(대로大路)'이라 생각해 보고, 맨 아래는 '낚시'라고 읽어 봅니다. 맨 왼쪽 2개 문자는 동물의 '뿔'을 표현했다고 봅니다. 3)은 제일 처음 저도 한자인 줄 알고 文으로 읽었습니다. 고조선칼돈 문자 해석 후에는 농기구 '키箕' 라고도 읽은 문자입니다. 이유는 고조선칼돈에서 X를 [ㅋ]음가로 확인을 했기 때문입니다. 아래 V부분은 모음으로 [이~]를 표현했다고 보았습니다. 그 후 『선진화폐문자편』 책 자료 150쪽에 문자 2개를 확인했습니다. 아래의 이 두 문자가 『선진화폐문자편』 속에 들어있는 문자입니다.

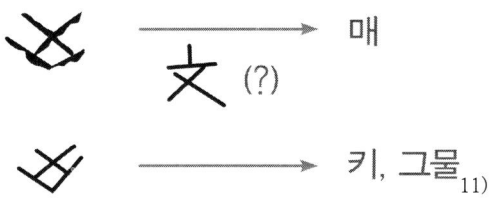

저는 이 문자 중 짙은 색의 문자를 '매'라고 읽었습니다. 아래 문자는 '키' 혹은 '그물'이라고 봅니다. 아래 문자를 옆으로 돌려 '새'라 읽어 보기도 합니다. 4)는 누구나 上이란 한자로 읽을 수밖에 없는 문자입니다. 그러나 이 문자에는 깊은 의미가 들어 있습니다. 'civil' 님 자료에는 上이란 문자가 1개만 들어 있습니다. 그러나 『선진화폐문자편』 3쪽에는 무려 첨수도 문자 8개가 제시되어 있습니다. 길이와 모양새가 모두 조금씩 다른 문자들입니다. 저는 이 문자를 농기구

---

11) 『선진화폐문자편』, 150쪽, 누구나 文으로 해석합니다.

종류들이라 해석 했습니다. 해석의 단서가 된 것은 고조선칼돈의 '호미'였습니다. 먼저 고조선칼돈의 '호미'를 보겠습니다. 2009년 2월 14일 해석한 '호미' 문자입니다.

어떻게 음가를 찾아내는지 다시 보겠습니다.

(1) [ㅎ]음가를 내는 문자입니다. ㅇ 위에 ⌒있는 문자는 [ㅎ]입니다.
(2) 중간 문자는 모음 [오]라 읽습니다.
(3) 맨 아래가 '호미' 모양을 표현하면서 동시에 [미]음가를 나타냅니다.
이제 그림을 읽어 볼까요?
(1) 해가 떠올라 (2) 사람 '인ㅅ'이 (3)호미로 땅을 판다는 줄거리 문자입니다.

위 그림 중 맨 아래 부분이 첨수도 문자 해석의 열쇠입니다. 저는 고조선칼돈 문자에서 ⊥이 포함된 위 문자를 '호미'라 읽고 ⊥을 상형으로 '호미' 혹은 '괭이'라고 읽었습니다.

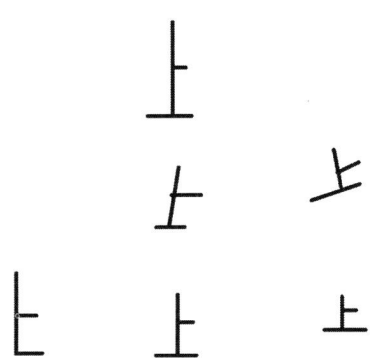

　그러면 『선진화폐문자편』 책을 펼치면 놀랍게도 위 그림처럼 上이 길쭉한 모습으로 나옵니다. 중간 것은 '괭이'라고 생각합니다. 더 긴 것은 가래로서 연명도(燕明刀)[12]까지 나옵니다. 물론 연명도 위의 이 문자는 우리 고조선 문자 '가래'입니다. 그리고 위 부분은 자루를 표현하는 것으로 '붓'을 표현할 때도 동일하게 표현합니다. 왼쪽 맨 아래 문자를 '자'라고 읽어 봅니다. 그리고 오른쪽 위의 비스듬한 上은 맷돌을 돌리는 모습이라 봅니다. 처음에는 단순히 맷돌이라 해석했다가 2011년 8월 2일에 〈고천원지〉 사진자료에서 '어처구니'를 보고서 맷돌보다는 어처구니라고 해석했습니다. 이 上 부분도 난이도가 높은 수사이니, 수사 결과는 바뀔 수 있습니다. 여기서 '어처구니'를 보고 지나가겠습니다.[13]

---

[12] 고조선칼돈 위의 문자인데, 『선진화폐문자편』 표기로 연명도(燕明刀)라는 의미입니다. 중국학자들이 명도전을 연명도라고 새로이 부르는 것은 제나라 지역에 나는 명도전을 제명도(齊明刀)라 하면서-이도 고조선 산동 지역의 화폐임-연과 제를 구분해서 부르는 이름이기 때문입니다.
[13] 출처: 〈고천원지〉.

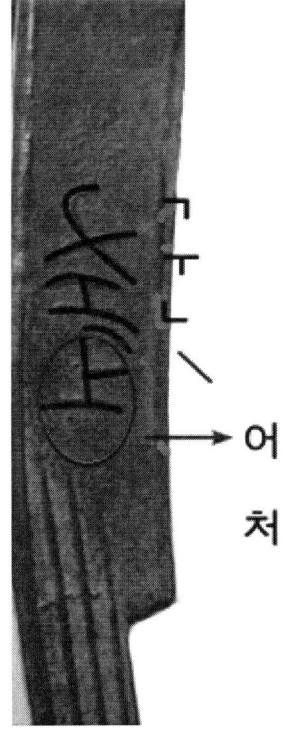

사진 속 맨 위 문자가 [구], 중간이 [니], 아래 上은 첨수도에서 보았던 문자로 음가로는 [어처]라고 생각해 봅니다. 책을 집필하면서 자세히 사진을 들여다보니, 工이란 [ㄴ]음가 아래에 \이 들어 있어 [이]음가를 표현한다고 봅니다.

이렇게 첨수도 문자 초기 해석과 제대로 된 해석을 비교해 보았습니다. 또한 그 해석 과정 속에 더 나은 해석을 찾아 본 흔적을 기록해 보았습니다. 수사 기록을 검토해 보시면 아시겠지만, 위 첨수도 문자는 누구나 쉽게 한자의 숫자 일一,이二, 삼三, 상하上下, 간干, 토土,개人, 구口, 공工, 작勺, 왕王, 기己, 대大, 점占, 중中, 길놈이라 해석하고, 또는 중국학자들의 해석에 그렇구나 하며 동의할 수밖에 없습니다. 이는 고조선칼돈 뒷면의 고조선 문자를 해석하지 못한 이상, 당연한 태도일 것입니다. 이제 다시 중요한 문자인 韓으로 넘어갑니다.

2. 韓으로 읽은 문자

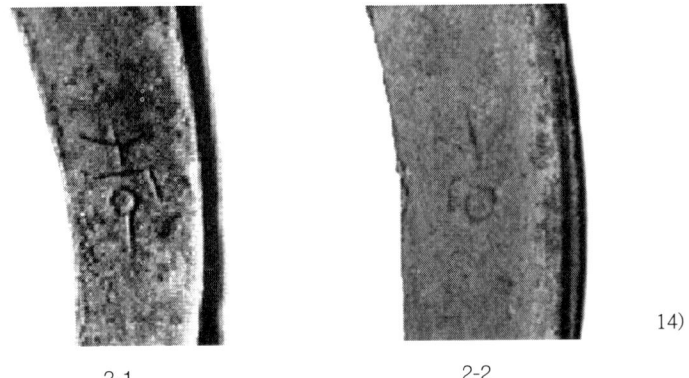

2-1   2-2   14)

이 문자는 중국 화폐연구가도 韓으로 읽습니다. 물론 한자로 익으면 韓으로 읽을 수밖에 없고, 문자 지식이 높은 학자들도 모두 韓으로 읽고 맙니다. 하지만 첨수도 해석의 문을 열면서 이 비슷한 문자들을 [ㅎ]음가를 포함한 '한소(황소)', '학鶴', '한韓'으로 구분해서 읽었습니다.

사진과 비슷한 문자: 황소

원래 [한]이란 음가였다가 [황]으로 변음 되었습니다. 특히 이 문자

---

14) 사진 출처는 〈고천원지〉이고, 비슷한 문자 자료가 『선진화폐연구』 263쪽에 있습니다.

는 첨수도에서 이미 소리 문자로서 '소'를 풀어 소뿔을 만들고, '한' 부분을 풀어 황소 얼굴 부분을 만든 것으로 보아, ㅅ은 [ㅅ]음가에, ㅇ은 [ㅎ]음가에 배당했다고 봅니다. 사진의 문자와 다른 점은 아래 문자에 ㅇ 아래 ㅓ이 붙어 있어 수직선만 있는 사진 문자와 다르다고 봅니다. 위 자료 중 아래 문자는 'civil' 님 자료에서 나온 '황소' 문자입니다. 모두 옆으로 눕혀서 보아야 원래 문자의 의미가 나타납니다.

2-1. 학(鶴)

문자의 윗부분을 학의 발 모양이라고 생각해 봅니다. 다음 부분은 ㄱ으로 받침 [ㄱ]이라 봅니다. 마지막 부분은 [ㅎ]음가를 표현한다고 봅니다.

2-2. [한(韓)]이란 우리 한자음

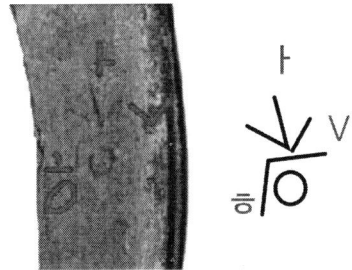

이 문자는 보통 2-1과 마찬가지로 한자 韓이라 읽고 넘어가기 쉽습니다. 그러나 이 문자는 [한]이란 우리 한자음을 표기했다고 봅니다. 이유는 아래 ㅇ과 ㄱ 부분이 [ㅎ]음가이고, 위 부분 중 중간 직선 'ㅣ'이 [ㅏ]음가이고, V 부분은 [ㄴ]음가이면서 고조선 한민족의 조우관鳥羽冠이라고 봅니다. 약간 더 연구해야 할 문자입니다.

3. 종(終)으로 읽은 문자

'civil' 님 자료에서 종終의 갑골문과 방향만 다를 뿐, 종終의 갑골문과 동일합니다. 여기 사이트[15])에 終의 문자 변천 자료가 있습니다.

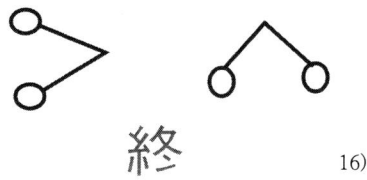

16)

---

15) 중국 갑골문부터 춘추전국 도장문자까지 잘 정리된 웹, 한자의 변천은 여기서 많이 확인 할 수 있다.
16) http://www.internationalscientific.org/CharacterASP/CharacterEtymology.aspx?characterInput=%E7%B5%82&submitButton1=Etymology

누구나 한자 終으로 해석할 수밖에 없는 문자입니다만, 저는 어떤 과일의 열매라 해석합니다. 이 문자에 가장 가까운 열매는 '앵두'라고 생각합니다.

4. 중(中)으로 읽은 문자

확실히 중中이라고 누구나 中이라고 해석할 수밖에 없는 자료입니다.
그러나 첨수도 문자에는 미묘한 선의 흐름과 굵기로서 문자의 의미를 표현합니다. 이 문자가 대표적인 문자입니다. 이 문자를 『선진화폐문자편』 13쪽에 나오는 단 한 글자의 첨수도 위 문자인데, 세밀히 보아야만 비둘기가 나타납니다.

비둘기17)

이 문자는 비둘기가 날개를 접고 왼쪽으로 약간 고개를 돌린 뒷모습을 표현한 것입니다. 이 문자를 한자로는 中이라 읽을 수밖에 없습니다. 이것이 첨수도 문자의 비밀입니다. 기본 한자에 가려서 그 본래 문자의 의미를 쉽게 알 수 없도록 하는 것입니다. 아마도 추리 능력을 기르게 하고, 사물 이면에 들어 있는 진실을 바라보게 하는 능력을 기르게 하기 위한 방편인 듯합니다.

---

17) 『선진화폐문자편』 8~13쪽에 많은 수의 연명도의 中이 있다. 그러나 이 문자들도 모두 고조선 문자로서 개미, 앵두, 메뚜기(여치), 대패질, 수레 등을 표현하는 모두 다른 문자인데, 뭉뚱그려 中이라 해석해버리는 문자이다. 그 중 첨수도 문자 '비둘기'가 단 한 자 들어있다.

5. 슘이라고 읽은 문자

처음에 이 문자를 너무나도 확실히 슘이라 생각했습니다. 사진 속 문자는 명확한 선이 보이지 않아 흐릿합니다.

18)

그러나 고조선 문자를 보는 눈이 열리자, 이를 달리 해석할 수 있었습니다. 그래서 이 문자의 의미를 '뇌'라고 읽어 봅니다. 다행히 나중에 이 문자가 선명한 사진을 〈고천원지〉에서 찾았습니다.

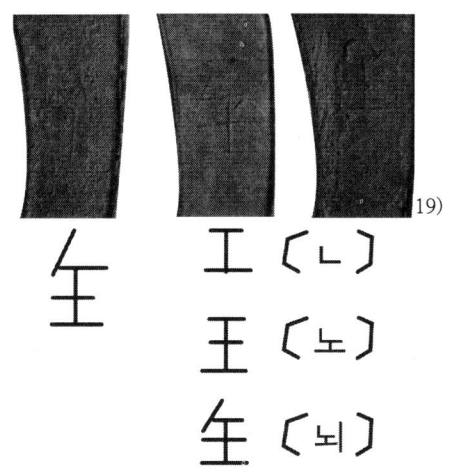

19)

---

18) 출처: 〈고천원지〉.

이 문자의 의미는 사람 인체 중 王과 같은 것이다라는 의미이고, 생각이 번개 치듯 번쩍 떠오르는 모습을 '/'으로 표현하였습니다. 사진의 맨 왼쪽 문자는 화살 '시矢'라는 한자음을 표현 했다고 봅니다. 그리고 사진의 맨 오른쪽은 '삽'을 표현했다고 해석해 봅니다. 사진 속 문자를 회전하면 삽이 보입니다.

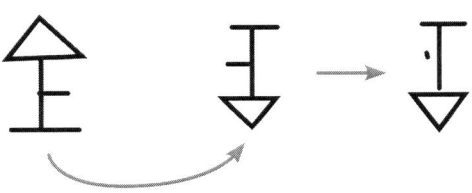

6. 五라고 읽은 문자

확실히 숫자 5라고 읽은 문자입니다. 'civil' 님 자료 중에도 나오는 'civil'님 견해이기도 합니다. 그러나 저는 이 문자를 '나비'라고 읽습니다.

(옆으로 돌린 모습)

20)

이 문자는 일반 학자들이 모두 ⋈를 五의 선진 한자 형태라고 해석하고, 저도 처음에 그렇게 해석했습니다. 그런데 이 문자를 옆으로

---

19) 출처: 〈고천원지〉, 다른 두 문자도 선명하게 보입니다.
20) 출처: 'civil' 님 자료 중.

돌려 보면 '나비'가 됩니다. 나비라고 해석하게 된 이유는 『고조선과 동북아의 고대 화폐』라는 박선미 님의 책의 표지 사진을 보고서입니다. 처음에는 아래 표지 사진을 '나비'라고만 생각했습니다.

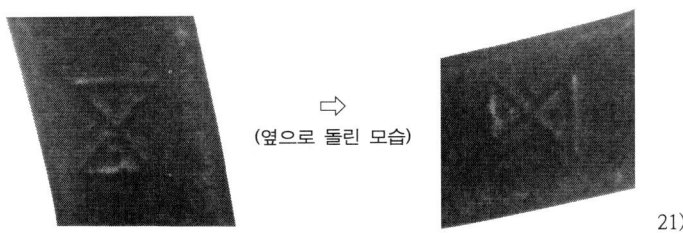

21)

그런데 ⋈를 나비라고 해석하면, 이 문자는 '나방'이 된다고 봅니다. 나비와 나방의 구별점은 나방의 점이 받침 [ㅇ]음가를 표현한다고 봅니다. 만약 첫 번째 사진의 ⋈을 한자 五라고 해석한다면, 점이 3개 들어있는 사진의 문자를 한자의 시각으로 해석할 수가 없습니다.

7. 八 이라 읽은 문자

확실히 숫자 8로 읽을 수밖에 없는 문자입니다. 'civil' 님 자료 중에도 나오고 'civil' 님 견해이기도 합니다.

---

21) 고조선과 동북아의 고대 화폐, 학연문화사, 표지사진에는 첨수도 전체가 들어 있는데 그 문자 부분만을 자료로 사용했습니다.

22)

단순한 한자의 시각으로는 누구나 숫자 八로 읽을 수박에 없습니다. 하지만 이 문자를 고조선 상형한글 시각에 보면, 이 문자는 사람의 '허리', 큰 나무의 '둥치'를 표현한다고 봅니다. 소리 문자로 읽을 여지도 있는데, 현재 수사 결과로는 [ㅍ]음가 중의 하나입니다.

8. 육(六)이라 읽은 문자

방향은 반대로 되어 있지만, 확실히 숫자 6으로 해석할 수밖에 없는 문자입니다.

---

22) 출처: 'civil' 님 자료 중

하지만 첨수도는 위아래가 분명한 문자입니다. 화폐의 뾰족한 끝 부분이 위이고, 손잡이 쪽이 아래입니다. 그래서 일반 학자들은 이 문자를 위아래 회전하여 六의 고형 한자라고 해석합니다. 저는 이 문자를 꽃받침을 가진 '꽃'이라고 봅니다.『용비어천가』에 '곶'으로 나옵니다. 문자 중에 ')' 부분이 [ㄱ]음가이고, '(' 부분이 [ㄴ]이고, 아래 V 부분이 [ㅈ]음가라고 봅니다.

9. 木이라 읽은 문자

처음에 한자로 나무 목木이 확실한 문자라고 생각했습니다.

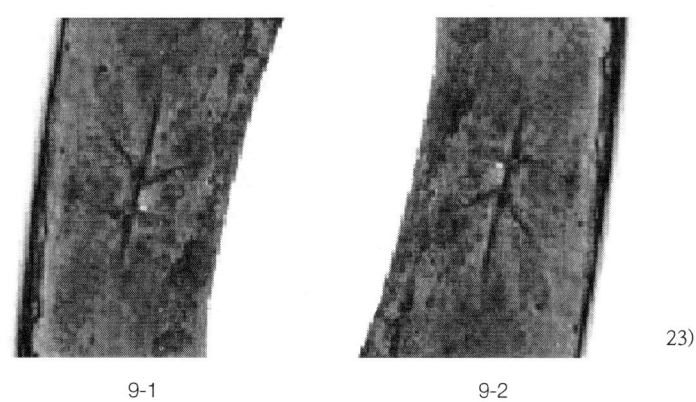

9-1　　　　　　　9-2

23)

반대로 돌려보면, 완전히 木이지요.

이 문자의 경우 고조선 상형 한글로 나무 木이 확실하지만, 사진 9-2 방향으로 읽어 木이 아니라, 사진 9-1 모습 자체로 '나무'24)를 나타내는 고조선 문자입니다. V 부분이 [ㄴ]음가이니 [나], 중간 줄기인 수직선과 땅인 수평선을 합친 十 부분이 [모]라고 봅니다.

---

23) 출처: 'civil' 님 자료.
24) 나무의 옛 말은 나모,『용비어천가(1447)』.

10. 魚라 읽은 문자

확실히 어魚입니다. 그러나 이 문자는 한자 계통의 어魚가 아니라, 고조선 고유의 상형 문자 '물고기'입니다.

10-1

이 문자는 누가 보아도, 물고기를 그린 문자입니다. 중국학자들도 魚라고 읽고 있으며,『선진화폐문자편』176쪽에도 첨수도에 9개의 魚가 있습니다.

당시 중국 한자는 중국의 방족포方足布[26]에 새겨져 있습니다.

(魚)　　　(陽)
10-2

---

25) 출처: 〈고천원지〉.
26) 출처: 〈고천원지〉, 방족포는 화폐의 다리 부분이 모가 난 모양새를 표현하는 용어이다.

10-1 첨수도의 '물고기'와 10-2 방족포의 魚는 전혀 다른 문자체입니다. 10-2는 이미 한자의 모양새를 거의 갖춘 중국 한자 계통의 문자라는 것을 알 수 있습니다.

11. 초기 수사에서 가림토 흔적 찾기

이는 본인의 저서 『고조선 문자』에서 '첨부자료 2. 첨수도의 자모음 결합'에서 다루었던 내용입니다. 지금 상당수 문자를 해석한 후 살펴보면, 가림토적 요소는 처음 생각했던 것 보다는 적은 숫자였습니다. 대부분 고조선칼돈 문자에 반영된 상형 요소의 부분상형문자[27]였습니다. 이 부분은 더 추가적인 연구를 해 나가겠습니다.

초기수사는 나중에 수사해서 해석한 내용과 차이가 있습니다만, 여기서는 초기 수사 정리를 하면서 가림토 흔적을 찾아보았다 정도로 기록하고자 합니다.

------------------(초기 수사 정리)------------------

문자가 하나로 고정되어 있으므로, 상형자이거나 그 소리의 한 음가를 표현하는 소리 문자입니다. 편의상 해석하기 쉬운 것부터 정리합니다.

1)
2)
카 코 쿠 큐 콰~
커

---

27) 부분상형문자(部分象形文字): 처음 도입하는 용어입니다. 문자의 의미를 나타내기 위해 전체를 사용하는 것이 아니라 일부분을 통해서 전체를 추리할 수 있도록 하는 문자. 특히 첨수도 문자가 대표적입니다.

1) 해, 길, 칼, 별, 물고기, 중中, 한韓(고조선의 韓을 의미). 2) 문자의 처음으로 [ㄱ이나 ㅋ]에 해당, 2번째 문자는 낮은 [아]음(훈민정음과 같은 원리)이거나 [오]음으로 [코] 상형문이자 소리 문자로서 [코]나 [카], 3번째 문자는 [구]나 [쿠], 4번째 문자는 [규]나 [큐], 5번째 문자는 [ㄱ]이나 [ㅋ]다음 세 개의 모음이 들어가는 소리, 5개 모두 인도 브라미 문자와 같은 원리임.

3) △은 세종때까지 가지고 있던 음으로 [ㅅ, S]발음 계열로 지금 영어 발음 [ʃ]로 예상해 봅니다. △ 안에 점이 있다면 이는 위 [코]라는 문자처럼 [샤]나 [쇼]음에 해당할 것이고, △ 안에 ㅡ이 있다면 [스]이거나 [소], △ 아래 ㅣ이 있다면 [시]나 [수], △ 아래 약간 휜 ㅣ이 있다면, [수]나 [슈]. 4) 한韓이란 문자에서 [ㅎ]음가를 만들어 [허]정도 소리이고, 아래에 ㅣ이 있다면, [히]나 [후]가 됩니다. 혹은 [해]를 소리 문자로 적어 보신 듯합니다.

5) ○ ⊙ a 오
　　어 아 우 요
　　　　(아)

6) ㅂㅅ → 새 → ᄂ
　　　　　　　　▽

5) ㅇ음을 살펴봅니다. [어], [아], [아]음 중의 하나이거나 [우], [요]. 6) 자음과 모음이 결합된 모습이라 생각해봅니다. [새]이고, 고조선칼돈의 '새'로 발전 됩니다.

7) |ㅁ ㄹㄷㄱ → 닭 → ⇟

8) 쥥 아들

7) [닭]인데, 고조선칼돈의 '닭'으로 발전 됩니다. 8) 아들이란 문자를 적어 보신 듯합니다.

위 초기 수사를 나중에 나온 자료들과 대조 확인한 결과 수사가 잘못되었다고 생각한 내용도 있습니다. 하지만 이런 시도를 통해서 바른 해석에 도달할 수 있었던 것입니다.

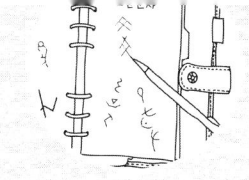

2부 침수도와 첨수도 문자 수사

4장... 침수도와 첨수도 문자 개별 해석

이 장에서는 한글의 계통도 작성 전에 침수도 문자와 첨수도 문자의 개별 해석을 통해 그 실체를 규명하고자 하는 내용입니다. 3부에서 문자 계통도를 작성하면 한글 낱말 순서대로 제시가 될 터이니 여기서는 문자 해석의 열쇠를 보여드리는 점을 강조해서 순서를 정하겠습니다. 이 수사의 어려운 점은 세계 최초로 접근하는 영역이란 점과 중국학자들이 이미 잘못 해석한 문자들을 다시 수사해야 한다는 점입니다.

제일 먼저 '나무'부터 수사를 시작해 보겠습니다. 제일 먼저 이 문자를 수사하는 이유는 사람 같기도 하고, 나무 같기도 해서입니다. 또 중국 한자 木과 비교하기 쉬워서입니다.

1. 나무

이미 초기 수사에서 한자 木과 비교해서 고조선 첨수도 문자 '나무'를 찾아보았습니다. 여기서는 첨수도 이전에 사용된 침수도 문자를 보겠습니다.

1) 『선진화폐문자편』 272쪽 침수도 문자인데, 사람인지 나무인지 처음에는 애매했지만, 나무라고 해석합니다. 이유는 사람이 팔을 벌려 위로 계속 있을 수 없고, 아래 부위를 세밀히 보면, 한쪽은 굵고 한쪽은 얇아서 식물의 뿌리를 나타냅니다. 제가 수사를 마친 후 특정해서 '나무'라고 수사 발표를 하니 나무라고 생각이 드는 것이고 처음부터 쉽게 그 형상을 추리할 수 있는 것은 아닙니다. 2) 첨수도에 와서 좀 다듬어진 나무입니다. ―을 땅으로 표현하고, 뿌리는 수직선 하나로 바꾸었습니다. '나모'라는 소리 음가에서 [ㄴ(나)]음가의 V를 가지고 나무의 가지를 표현하고, [모]라는 음가에서 十이란 문자 모양을 만들어 수직선은 나무줄기와 뿌리를, 수평선은 땅을 표현한다고 봅니다.

그러면 중국에서는 당시 어떻게 문자를 적었을까요?

1)

평견공수포平肩空首布 위의 중국 한자 木입니다. 고조선 문자 '나무'는 직선적인 문자 형태를 지니고 있고, 중국 한자는 선이 좀 둥그스름합니다. 모두 나무를 상형하였기에 전체 모습은 비슷하게 나온 것입니다.

---

1) 출처: 〈고천원지〉, 평견공수포(平肩空首布 : 공수포 중 어깨에 해당하는 상부가 평평한 공수포).

2. 침수도의 나뭇가지와 나뭇잎

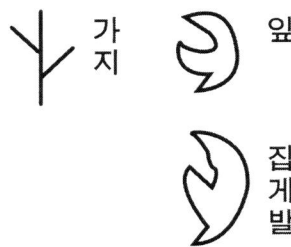

　위 그림문자는 『선진화폐문자편』 272~273쪽에 걸쳐 나오는 침수도 문자들입니다. 문자들은 완전히 사물을 그린 문자 모습입니다. 왼쪽 문자는 나무의 '가지'라고 보고, 오른쪽 문자는 '나뭇잎'으로 봅니다. 그 아래 비슷한 모양새는 게의 '집게발'만 따로 그렸다고 봅니다. 중국학자들은 해석을 못합니다. 고조선 선조들께서 태초부터 내려오는 그림문자 그대로 침수도 화폐 위에 문자를 새겼다고 봅니다.

3. 뿌리

　『선진화폐연구』[2] 264쪽에 나오는 이 문자는 한자의 시각으로는 下와 人(혹은 刀)라고만 읽을 수밖에 없습니다. 하지만 이는 식물의 '뿌리'를 표현한 고조선 침수도 문자입니다. 下에서 一은 땅이고, 그 아래는 뿌리의 윗부분, 人처럼 생긴 문자는 뿌리의 깊숙한 부분을 표현합니다. 이 문자가 고조선칼돈에 가면, 下와 人을 합쳐 '뿌리'라는 상형한글을 만듭니다.

---

[2] 『선진화폐문자편』과 쌍벽을 이루는 중국학자 黃錫全의 화폐 연구 주요서적.

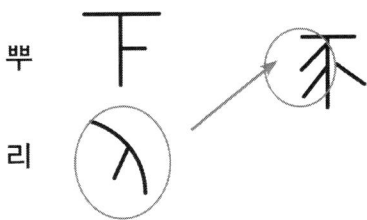

사진으로 '뿌리'를 확인해 봅니다.

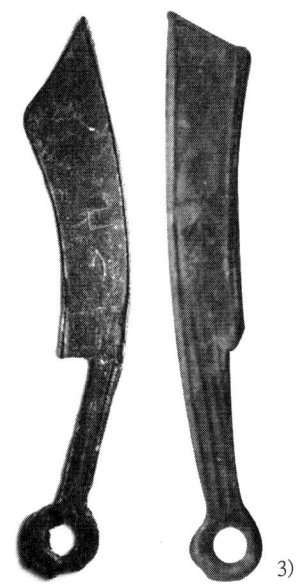

4. 풀과 갈대 그리고 날개와 깃털

먼저 〈고천원지〉에 올라온 사진을 보시겠습니다. 사진을 올린 중국 사람은 羽이라 주장합니다.

---

3) 출처: 〈고천원지〉. 사진 속의 첨수도와 명도전.

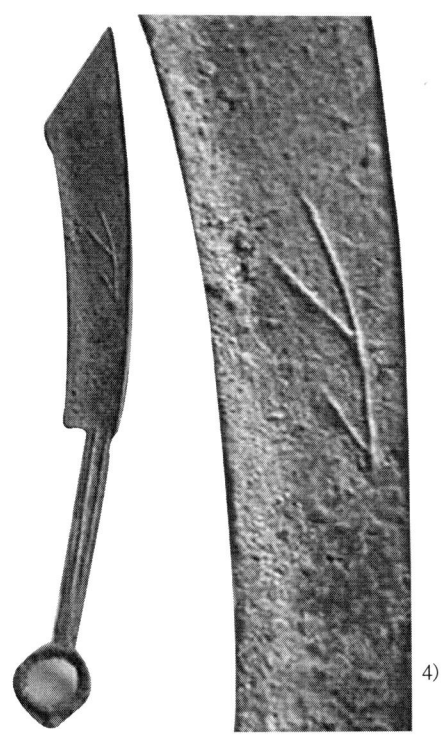

4)

그러나 깃털로 보기에는 선이 여리게 보이므로 저는 이 문자를 '풀'이라고 봅니다. 그러면 羽(깃털, 날개)에 해당하는 문자는 이미 『선진화폐문자편』 49쪽에 중국학자들이 평견공수포平肩空首布5)에서 2개의 문자를 찾아 두었습니다.

ヨヨ   仠仠

2-2

---

4) 출처: 〈고천원지〉.
5) 평견공수포(平肩空首布): 중국 화폐 공수포(空首布) 중에 어깨 부분이 수평선인 화폐.

4장 침수도와 침수도 문자 개별 해석   45

문자를 비교해 보시면, 중국 화폐 문자가 확실한 2-2 화폐 문자 羽과 2-1 사진 속 문자는 다르다는 것을 알 수 있습니다. 이 문자는 고조선 문자로 '풀' 혹은 '풀잎'입니다. 이 문자와 닮은 문자가 역시 첨수도 문자에 들어 있습니다. 아래 사진 속의 문자를 수사해 보겠습니다.

6)

아래 문자를 [싸]로 읽고 위 문자를 받침 [ㄹ]로 읽어 '쌀'이라 읽을 가능성도 있지만, 저는 아래 문자를 [가]로 읽고 위 문자를 받침 [ㄹ]로 읽어 '갈(대)'이라고 봅니다. 특히 위의 S 모양새는 갈대가 바람에 날리는 모습을 표현했다고 생각합니다.

날개나 깃털에 해당하는 첨수도 문자는 어디에 있을까요? 저는 『선진화폐문자편』 274쪽에 나오는 2개의 첨수도 문자라고 봅니다. 중국 학자들은 두 문자를 해석하지 못 하고 있습니다.

---

6) 출처: 〈고천원지〉.

5. 부리

아래 그림의 왼쪽 문자는 『선진화폐문자편』 277쪽에 나오는 첨수도 문자입니다.

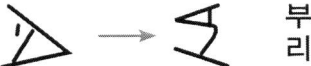

제가 새의 '부리'라고 해석해서 이야기 하니 새의 부리라고 이해가 되는 것이고, 아무런 설명 없이 이 문자를 '부리'라고 생각하기는 매우 어렵습니다. 이 문자는 첨수도 수사 가장 후반기에 찾은 고난이도 문자였습니다. 오른쪽은 고조선칼돈 위 '부리'입니다.

6. 새들-갈매기, 제비, 까치, 까마귀와 王

『선진화폐문자편』 6~7쪽에 첨수도 王이 19개나 들어 있습니다. 자세히 살펴보지 않으면, 그냥 19개 모두 중국학자의 주장처럼 王이라 보입니다. 그러나 한자 王처럼 보이는 문자 안에, 고조선 문자가 들어 있습니다. 지금으로 치자면 숨은그림찾기와 비슷한 학습 놀이 자료라고 보시면 됩니다. 19개 수사 자료 중 하나를 보겠습니다.

---

7) 『선진화폐문자편』, 274쪽.

왼쪽 문자가 위 책 6쪽에 있습니다. 여러분은 이 문자를 보고 어떤 생각이 드십니까?

만약 한자를 이미 공부하셨다면, 십중팔구는 王이나 主라고 해석하실 것입니다. 하지만 문자 안에 어떤 상징을 숨겼다고 이해한 뒤 자세히 들여다보면, 무슨 새가 날고 있는 모습을 확인할 수 있습니다. 그래서 저는 중간에 있는 새를 새끼새로 보았고, 위에 있는 새는 먹이를 전해 주는 어미새로 보고, 아래 ―은 둥지라고 보아, 전체 문자를 '둥지'라고 생각했습니다. 그러나 비슷한 다른 문자들을 수사하면서 이 문자는 둥지가 아니라 '까마귀'라고 수정을 하였습니다. 둥지는 바로 옆 문자로 판단됩니다.

제가 『선진화폐문자편』 6~7쪽에 있는 문자들 중에서 해석한 문자를 살펴보겠습니다.

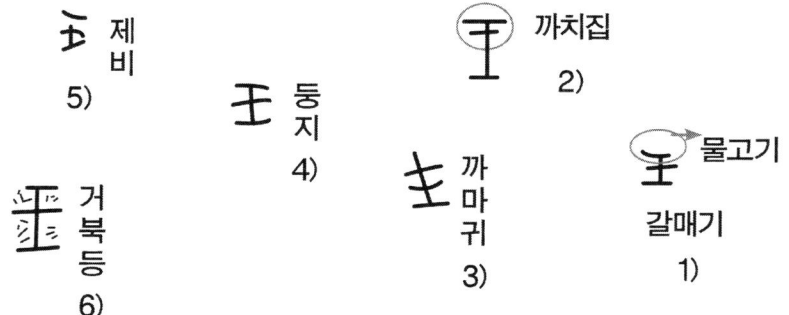

1) 갈매기입니다. 물고기를 물고 있습니다. 울산 반구대 바위그림 갈매기와 의미가 같습니다. 물고기를 물고 있는 갈매기를 그린 동일 의식임을 알 수 있습니다. 2) 처음에 뒤주라고 해석했던 문자는 까치집이 있는 '까치'입니다. 3) 처음에 둥지라고 한 문자는 먹이를 먹는 새의 덩치가 주는 새와 동일하므로 이는 효조孝鳥 '까마귀'입니다. 4) 이게 둥지입니다. 새끼새가 둥지 중간에 있습니다. 훈민정음에 '깃(새집 소巢)'이라고 나옵니다. 5) 이 문자는 수평선인 제비집이 있는 곳에 제비가 날아드는 '제비'입니다. 6) 이 문자는 바다의 王, 바다거북이의 등껍질을 표현한 것입니다.

7. 바다거북이와 등껍질

이 문자도 역시 『선진화폐문자편』 7쪽에 나오는 첨수도 문자입니다. 중국학자들이 王이라 해석하는 문자 중의 하나입니다. 그러나 고조선 어른들은 아주 미묘한 선에 의미를 담았습니다.

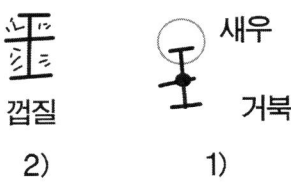

껍질   새우
2)   거북
         1)

1) 이 문자는 王에 중간점을 볼 수 있는데, 바다거북 배 부위를 둥근 점으로 표현했다고 봅니다. 맨 위 一은 새우나 작은 물고기를 의미합니다. 2)왼쪽 문자는 등껍질을 표현합니다.
거북이 꼬리 부분은 따로 그렸다라고 생각합니다.

8. 군함새 혹은 흰머리 독수리

아래 이 문자도『선진화폐문자편』6쪽에 나오는 첨수도 문자입니다. 중국학자는 이 문자 역시 王이라 해석합니다. 중국학자 입장에서는 그럴 수밖에 없습니다. 제가 책에 있는 문자보다 좀 더 확대해 보았습니다.

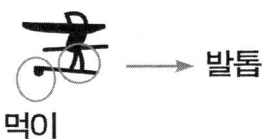

먹이인 마지막 —을 볼 수 있고, — 위에는 먹이를 잡고 있는 독수리의 발을 볼 수 있습니다. 책에 소개한 문자를 자세히 들여다보아야 독수리 발을 볼 수 있습니다. 이 문자의 맨 위는 희게 되어 있는데, 군함새나 흰머리 독수리라 봅니다.

9. 독수리

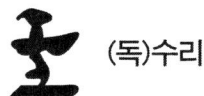

위 문자는『선진화폐문자편』6쪽에 중국학자가 王으로 해석한 첨수도 문자인데 8번 흰머리 독수리 2칸 아래 배치된 문자입니다. 이 문자는 독수리의 얼굴 부위를 강조한 문자라고 봅니다.

10. 코끼리

코끼리는 어디에 있을까요?『선진화폐문자편』265쪽에 있는 첨수도 문자라고 봅니다.

처음에는 책 속에 다른 문자들과 같이 있어 무슨 문자인지 몰랐습니다. 코끼리의 입과 코만을 그려 전체 코끼리를 추리하게 하는 학습 문자라고 봅니다. 코끼리 코의 부분은 소방호스(hose)처럼 분명합니다. 'civil' 님의 첨수도 자료에는 그림이 조금 다르지만, 역시 코끼리 코를 나타낸다고 봅니다. 코끼리의 코를 강조해서 그린 문자라고 봅니다. 특히 코 부위를 진하게 그렸습니다.

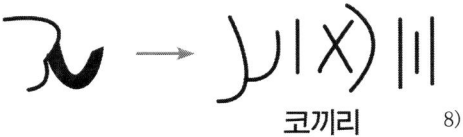

11. 호랑이, 표범, 사자

중국학자들은 아래 첨수도 문자에서 아래 문자를 刀 혹은 化라고 주장하는데 저는 이 표식이 한자가 아니라 맹수의 날카로운 발톱을 표시하는 부호로 봅니다.

---

8) 'civil' 님 첨수도 자료 중, 오른쪽은 '고조선칼돈' 뒷면 문자로 '코끼리'.

　　호랑이　　　　표범　　　　사자

　　중국 한자식으로 먼저 읽어 보자면, 호랑이를 왕의 칼 정도로 읽을 수 있다 하겠으나, 표범은 읽지 못 하며, 사자는 깃털 칼 정도로 읽고 맙니다.

　　1)『선진화폐연구』263쪽에 나오는 호랑이입니다. 刀 모양의 발톱이 들어 있어 王 표식과 어울려 '호랑이'라고 봅니다. 2)『선진화폐연구』265쪽에 세 개의 문자가 나옵니다. 아래 문자가 있기도 하고 없기도 한데, 이는 맹수의 발톱으로 맹수를 표현한다고 봅니다. 3) 난이도가 높은 문자인데 이 문자는 사자의 얼굴 부위를 간략화 시킨 문자라고 보고 있습니다.

　　이 문자 수사의 핵심은 중국학자들이 刀 혹은 化라고 주장하는 아래 문자를 맹수의 발톱 표시라고 읽을 수 있는 능력입니다.

12. 사슴과 노루

　　『선진화폐연구』265쪽에 비슷한 문자를 모아두었습니다.

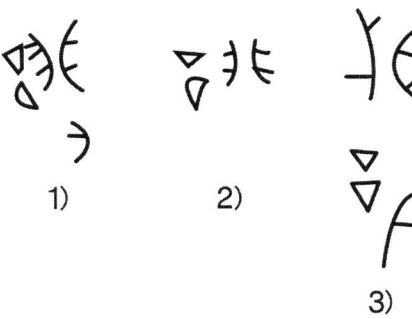

1) 아래 문자를 맹수의 발톱으로 해석하여 '표범'이라 봅니다. 2) 아래 문자가 없는 모양인데, 처음에는 '사슴'이라 해석했습니다. 지금은 소리 문자 [표]일 가능성이 더 높아 보입니다. 3) 문자가 사슴과 비슷하면서 뿔이 있는 모습이니 '노루'라고 봅니다.

이 문자는 고조선칼돈 위의 문자로 사슴이나 노루 보다 더 큰 '순록' 혹은 '기린'을 표현하고 있다고 봅니다.

---

9) 출처: 〈고천원지〉.

4장 침수도와 침수도 문자 개별 해석　53

13. 개, 늑대, 기린

『선진화폐문자편』 270쪽에 나오는 비슷한 문자들입니다.

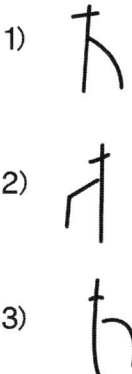

1) 이 당시 ㄱ 문자는 [ㄱ]음가에 고정되어 있었기에, 이 문자는 [ㅐ]음가의 두 획 ㅓ을 가지고 '개'의 모습을 그렸다고 봅니다. 2) 좀 더 연구해야 할 내용인데, 문자의 모습이 각진 모습이니 '개'보다 더 날카로운 '늑대'라고 읽어 봅니다. 최근에 '못'이라 읽었습니다. 3) '기린'이라 읽어 보기도 합니다.

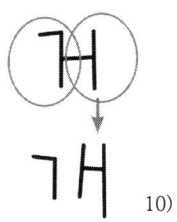
10)

---

10) 『선진화폐문자편』, 272쪽.

중국학자는 해석 못합니다. 이 문자를 현 한글로 읽자면, '거'입니다. ㄱ 부분은 [ㄱ]음가이고, 2개의 선으로 모음 [애] 부분을 표현합니다. 이 2개의 선을 ㅓ로 만들어 '개'의 몸통 부분을 표현했다고 봅니다.

14. 소와 덮다

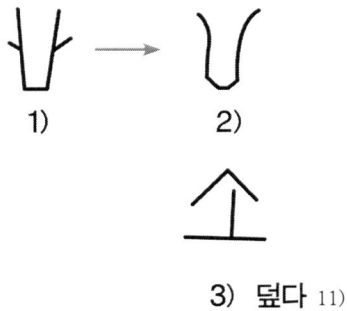

3) 덮다 11)

중국학자가 六이라고 해석하는 첨수도 문자가 『선진화폐문자편』 219쪽에 있습니다. 위 문자 중에서 오른쪽 문자입니다. 이 문자는 六이 아니라 소의 얼굴 윤곽을 그린 문자입니다. 그러면 왜 소라고 생각하는가 하면 첨수도 문자에서 '소'의 상형문자를 찾았기 때문입니다. 위 그림에서 보시다시피 첨수도 상형문자는 소의 얼굴 부위를 간략한 그림으로 그려 문자로 만든 모습입니다. 첨수도에서는 첨수도의 옆 수평선이 생략된 모습으로 표현되었다고 봅니다. 그러면 첨수도에 현 한글과 같은 '소'는 어떻게 해석해야 할까요? 제가 처음에 '소'라는 첨수도 문자를 [쇼]라 읽고 동물 소라 보았습니다만, 첨수도 '소'를 보고서는 달리 생각하게 되었습니다. 물론 소[쇼]라는 소리 문자일 가능성은 아직도 남아 있습니다만, 소는 '물건을 덮다'라고

---

11) 『선진화폐문자편』 271쪽에 나오는 소의 그림문자. 첨수도(針首刀) 문자인데 처음에는 상형으로 그릇 종류 혹은 소리 문자로 [뵤]라고 해석하기도 함.

달리 해석해 봅니다. 이유는 훈민정음에 제시된 낱말이고, 소의 윗부분 ㅅ이 무엇인가를 덮은 모습이란 의미입니다. 특히 『선진화폐문자편』 270쪽에 '소'라는 첨수도 2개의 문자가 제시되어 있습니다.

15. 덮다, 멍에, 코뚜레

1)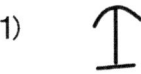

2)

3)

'소'라는 문자가 『선진화폐문자편』 270쪽에 3개 있습니다. 중국학자는 3개 다 해석을 못합니다. 해석을 못 하는 것은 당연한 것입니다. 중국 선조들의 문자가 아니기 때문입니다. 그러면 위 문자의 해석 근거는 어디에서 찾았는가 하면, 훈민정음입니다.

1) '소다覆物'라는 제시어가 훈민정음에 나와 있는데 이 문자를 보시고서 제시했다고 봅니다. ㅅ 부분이 무엇인가를 덮은 모습이라 봅니다. 명사라면 소에 덮어씌운 물건 '멍에'라고 봅니다. 2) 훈민정음 제시어 중 '소다覆物' 다음의 '쏘다射'라고 해석해봅니다. 이 문자의 위 부분이 활이라고 봅니다. 3) 제나라 명도인 제명도齊明刀라고 주장하는 화폐에 들어 있는 문자인데, 저는 이 문자를 '코뚜레'라는 고조선 문자로 읽어 봅니다.

16. 돼지(코), 돝

12)

이 사진자료는 제가 연구를 하기 위해 오래전에 중국의 〈고천원지〉 웹 자료를 컴퓨터에 저장해 놓은 자료입니다. 집필은 이미 해석한 첨수도 중심으로 하면서 틈틈이 이전 자료도 수사를 계속하고 있었습니다. 이 문자는 최근 수사한 자료로서 처음에는 세운 상태로 '따지地'의 땅으로 읽어 보았습니다.

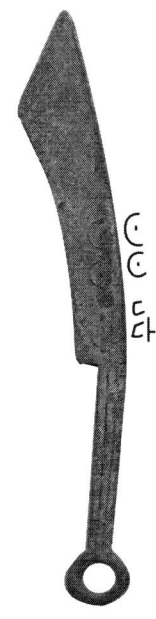

즉 CC 두 개를 [따]으로 보고, 안의 점을 모음으로 보았습니다. 그런데 만약 사진의 화폐를 돌려 상형문자로 보면, 돼지코가 나옵니다. 돼지의 옛말은 '돝'이었으니, 이 '돝' 문자를 가지고 돼지코를 만들었다고 봅니다.

---

12) 출처: 〈고천원지〉.

17. 닭

S가 첨수도에 제일 많이 나옵니다. 이 S는 우리 가정에서 제일 많이 키우는 가축을 표현합니다. 바로 닭입니다.

18. 도마뱀

이 그림의 위 문자는 『선진화폐문자편』 7쪽에 나오는 첨수도 문자입니다. 중국학자는 이 문자를 玉이라 해석합니다. 고조선 문자로 읽어도 쉬운 문자가 아닙니다. 삼라만상 사물 중 위 문자와 비슷한 상징을 가진 한두 개를 찾아낸다는 것이 쉬운 일은 아닙니다. 하지만 자세히 보면, 이 모습은 '도마뱀'을 표현입니다. 이유는 얼굴 부분이 삼각형이고, 꼬리를 자른다는 의미가 분명하게 담긴 문자이기 때문입니다.

19. 뱀 혹은 낙타

이 문자는 침수도 문자입니다. 이 문자는 그림문자 그대로 '뱀' 혹은 '낙타'를 표현합니다.

---

13) 『선진화폐문자편』, 271쪽.

20. 뱀 혹은 지렁이

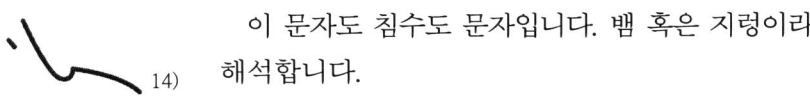

이 문자도 침수도 문자입니다. 뱀 혹은 지렁이라 해석합니다.

21. 양(羊)

고조선에 양이 있었다는 사실은 朝鮮 국호에 보면 알 수 있습니다. 鮮 안에 물고기 魚와 양羊이 있습니다. 이 당시 기후는 양을 키울 수 있는 아열대 기후였습니다. 최근에 고조선 이전의 문명 홍산 문명의 옥기에도 '양'을 확인할 수 있습니다. 하지만 양이란 문자도 상당히 찾기 어려웠습니다. 일단 양의 특징인 둥글게 말린 뿔이 있는 문자를 찾아보았습니다.

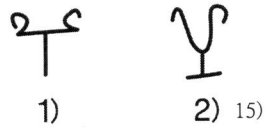

1)　　　2) 15)

1) 침수도 문자인데, 양의 얼굴 부위를 특징적으로 그렸다고 봅니다.
2) 침수도 문자인데, 침수도 문자를 좀 더 양의 얼굴에 맞추어 그렸다고 봅니다.

위 수사 후 최근 수사 과정 중에 뜻밖의 단서가 침수도에서 새로이 나타났습니다.

---

14) 『선진화폐문자편』, 271쪽.
15) 1) 침수도: 『선진화폐문자편』, 273쪽, 2) 침수도: 『선진화폐문자편』, 270쪽.

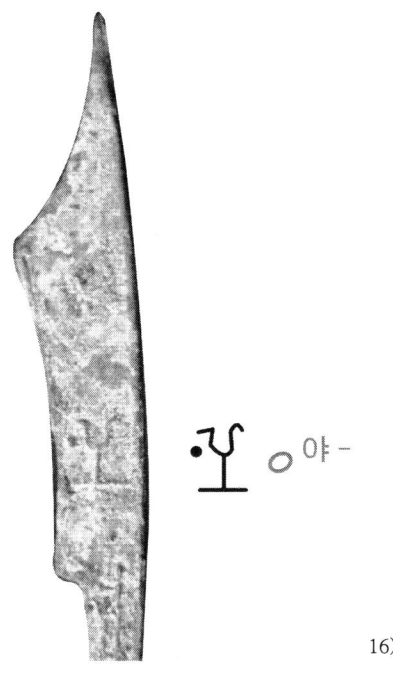

16)

　이 문자에서 [야~] 부분이 삼 획으로 양의 얼굴 부위를 표현하고 [받침 ㅇ]을 점으로 표현했다고 봅니다. 그런데『선진화폐문자편』270쪽에 2)번 첨수도 문자에는 점이 없습니다. 그러나『중국고문대집』갑 86쪽에 점이 분명히 있습니다. 중국학자들은 2곳에서 문자 해석도 모두 못 하지만, 왼쪽 점의 의미도 모르고 있다는 것입니다. 이 점은 '받침 ㅇ'으로 [ㅑ~ㅇ]에서 ㅑ~ 부분을 양의 얼굴로 만들고, 남은 [받침 ㅇ]은 점을 찍은 것입니다. 이는 한글의 소리 문자 특성을 알아야 해독할 수 있는 중요한 요소입니다.
　그래서 초기 수사의 침수도 1)은 양이 아니라 '쓰레받기' 정도로 보입니다. 더 수사해 볼 자료들이라 봅니다.

---

16) 출처:〈고천원지〉.

22. 염소

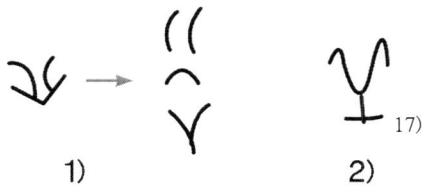

중국학자는 이 첨수도 문자를 六이라 해석합니다. 이 문자는 뿔이 올라온 동물을 표현하고, 아래 V는 수염을 표현한다고 봅니다. 이 문자가 오른쪽 명도전 문자로 변화 발전됩니다. 오른쪽 문자 출처는 Daum 'civil' 님 자료입니다. 2)의 문자는 앞에서 해석한 첨수도 '양¥' 이란 문자입니다.

23. 말

첨수도에 그려진 '말'입니다. 이는 [말]이란 음가 중에 얼굴 부위를 [마] 부분에 배당하고, ㅡ은 [ㄹ]음가 부분에 배당한 것입니다. 오른쪽 문자 출처는 Daum 'civil' 님 명도전 자료입니다.

---

17) 『선진화폐문자편』, 219쪽.
18) 『선진화폐문자편』, 274쪽.

24. 원숭이

우리 선조들은 이미 환웅신석기 혹은 고조선 시기부터 원숭이를 알고 있었다고 봅니다. 왜냐하면 당시 기후는 아열대 기후였기 때문입니다. 길거리나 나무 위에서 늘 원숭이가 돌아다녔겠지요. 순 우리말은 '납'입니다.

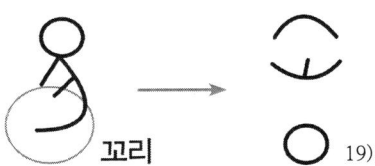

누구나 처음에는 한자 陽이나 易로 읽을 수밖에 없습니다. 저는 고조선 문자를 통해서 문자 이면에 담긴 고조선 문자의 실체를 확인했기에 처음 해석은 옆으로 누운 양¥으로 해석했습니다. 혹은 사람 모습이니 '아기'라고도 해석해 보았습니다. 그러나 위 문자에 분명 꼬리 부분이 길게 보이니 '원숭이'라고 해석해봅니다.

25. 원숭이 꼬리와 九

중국학자는 이 문자를 九라 해석합니다. 중국학자 입장에서는 한자 九만 알고 있으니 그럴 수밖에 없습니다. 하지만 자세히 보면, 모두 다른 모습으로 동물의 꼬리 혹은 꽃을 표현합니다.

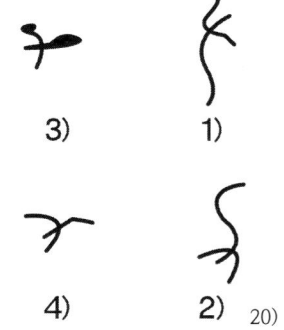

---

19) 출처: Daum 'civil' 님 자료 중 왼쪽은 첨수도 문자, 오른쪽은 명도전 문자.
20) 『선진화폐문자편』 223쪽에 나오는 첨수도 문자입니다.

1) '나팔꽃'으로 해석했습니다. 2) 코끼리 코라 볼 수도 있으나, 여기서는 원숭이 꼬리라 봅니다. 확정적인 것은 아닙니다. 3) 벌의 침 부위를 표현했다고 봅니다. 4) 말이나 소의 꼬리라 봅니다.

이 문자들은 전체 모양새와 그 상형 의미가 모두 다릅니다. 모든 문자를 九라 보기에는 무리가 있습니다.

21)

이 문자는『선진화폐문자편』九에 보이지 않는 문자로서 〈고천원지〉 사진에서 확인할 수 있는 문자입니다. [대]음가의 C를 돌려 엉덩이를 표현하고, [리] 부분의 두 선을 가지고 다리를 표현했다고 봅니다.

---

21) 출처: 〈고천원지〉.

26. 쥐

 이 첨수도 문자를 찾고서도 무릎을 탁 친 문자입니다. 오른쪽 문자를 Daum 'civil' 님 명도전 자료에서 먼저 찾고 나서도 '아하' 이런 정도 감탄사가 나온 문자입니다. 이 첨수도 문자를 자세히 보시면 문자 아랫부분에 '쥐꼬리'를 확인할 수 있습니다. 이 문자를 漢字라고 생각하실 분은 없을 것으로 생각합니다.

27. 토끼 혹은 민들레

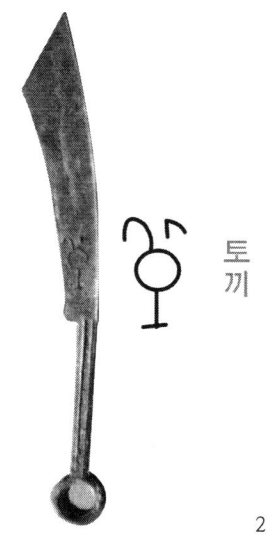

 처음에는 이 문자를 곤충의 모습이라 생각해 보기도 했습니다. 그런데 좀 더 생각해 보면 '토끼의 귀'를 특징적으로 표현한 '토끼'라고 생각해 봅니다. 혹은 식물이라면 '민들레'라고도 생각해 봅니다.

---

22) 『선진화폐문자편』, 274쪽, 오른쪽 문자는 Daum 'civil' 님 명도전 자료.
23) 출처: 〈고천원지〉.

28. 파리

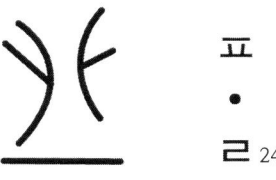

이 문자를 한번 추리해 봅시다. 위의 문자는 처음에 동물의 뿔 같습니다. 그리고 아래 ―은 쉽게 읽을 수 없습니다. 숫자 일―로 읽는 정도가 전부일 것입니다. 아래 수평선 ―이 [ㄹ]음가임을 고조선 칼돈 문자 연구에서 확인한 사람만이 이 문자의 해석 단서를 찾을 수 있습니다. 그리고 또한 훈민정음 표기를 이해하고 있어야 합니다. 현 한글 '파리'의 [리]음가는 두 획으로 표기되기에 위 문자와 일치하지 않습니다. 위 그림에서 오른쪽은 파리 승蠅의 훈민정음 표기입니다. 그러면 위 문자 중 ')('부분을 [ㅍ]음가로 대입한다면, 파리의 큰 눈이 특징적으로 나타납니다. 그래서 이 문자를 '파리'라고 해석하게 됩니다. 파리라는 문자 수사 과정이 쉬운 것만은 아닙니다만, 언어 문자 지식을 총 동원하면 해결할 수 있는 문제이기도 합니다.

29. [ㄹ]음가에 대한 표기

저는 이미 고조선칼돈 문자 해석 시에 [ㄹ]음가가 직선 하나로 표현되었다고 밝혔습니다. 그 해석이 고조선칼돈 이전의 화폐인 첨수도에도 적용되었음을 앞에서 수사한 내용과 함께 보여드립니다.

---

24) 『선진화폐문자편』, 274쪽.

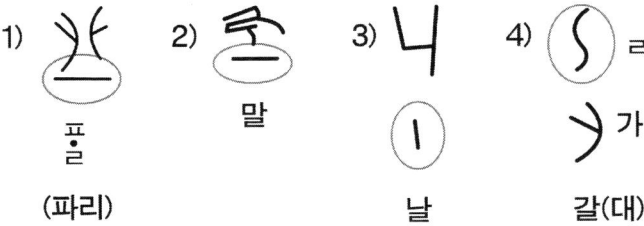

  1) 파리인데, 아래 문자는 훈민정음 표기입니다. 『선진화폐문자편』 274쪽에 나오는 첨수도 문자입니다. 이 문자는 파리의 눈 부위를 과장되게 그려 [ㅍ]음가에 맞추고, 아래 一은 [ㄹ] 종성입니다. 2) 말입니다. 『선진화폐문자편』 274쪽에 나오는 첨수도 문자인데, 파리 바로 옆에 있습니다. [마]에서 말의 얼굴 부위를 그리고, 아래 一은 [ㄹ] 종성입니다. 3) 『선진화폐문자편』 277쪽에 나오는 첨수도 문자입니다. 위에 '니'는 [나]음가이면서 어떤 날카로운 날 모습입니다. 아래 수직선이 [ㄹ] 종성입니다. 4) 갈대의 '갈'입니다. 훈민정음 제시어인데, 현재 〈고천원지〉 중국 웹에 올라와 있는 첨수도 사진에도 나와 있는 문자입니다. [ㄹ]음가의 S는 갈대의 풀잎이 바람에 날려가는 모습을 표현했습니다.

  위 네 단어를 통해 첨수도 시절에도 수직 수평선이 [ㄹ]음가를 나타내고 있음을 확인하실 수 있습니다. 즉 종성 [ㄹ]에 따르는 문자는 一, ㅣ, S로서 표현합니다.

30. 모기

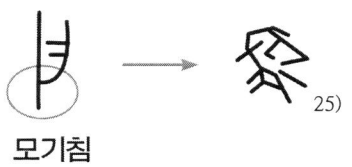
모기침

나무 위로 오르는 동물 같기도 하지만, 피부에 붙은 모기라고 봅니다. 약간 애매한 부분이 있으나 일단 모기라고 해석합니다.

31. 매미와 치마

1)   2)

이 문자도 난이도가 매우 높은 문자입니다. 매번 볼 때마다 문자의 의미를 달리 생각할 정도였습니다. 처음에는 둥근 원을 태양이라 보고 원의 윗부분을 햇빛으로 보아, 아침, 대낮으로 해석했습니다. 1)은 윗부분이 넓으니 옷의 '치마'라고도 해석해 보고, 2)는 곤충 '매미'라 해석해 보았습니다.

---

25) 왼쪽 문자는 'civil' 님 첨수도 자료에서, 오른쪽 문자의 출처는 『선진화폐문자편』, 251쪽. 오른쪽 문자는 중국학자가 중행(中行)이라하나 이는 '모기'임.
26) 『선진화폐연구』, 262쪽 1번과 2번.

32. 사마귀

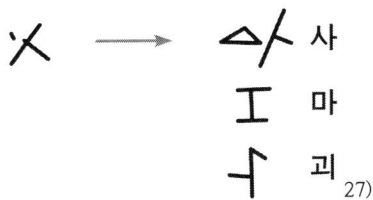

앞의 문자를 두고 삼라만상 중에 하나를 골라라하는 것은 사막에서 바늘 찾기 정도일 것입니다. 먼저 ㅅ 부분을 가지고 [ㅅ]음가에 해당하는 우리말과 한자음을 모두 대입해 보아야 합니다. 그래도 왼쪽 문자는 그 의미를 쉽게 나타내지 않습니다. 수사 단서는 역시 고조선 칼돈 위의 '사마귀'입니다. 이 고조선칼돈 위의 사마귀를 안 연후에야 왼쪽 문자가 사마귀의 앞 발 부분을 특징으로 한 문자임을 깨우칠 수 있습니다. 참고로 사마귀의 옛말은 '사마괴'[28]입니다.

33. 개미

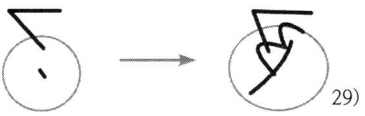

ㄱ 아래 점, 무엇일까요? 처음에는 아래 점을 [받침 ㅇ]으로 읽어 [강]이란 한자음이라 생각했습니다. 그런데 만약 상형으로 문자를 바라보면 [ㄱ]음가를 가진 조그마한 것을 떠 올릴 수 있습니다. 그러면

---

27) 왼쪽 문자는 'civil' 님 첨수도 자료에서, 오른쪽 문자는 'civil' 님 명도전 자료.
28) Daum 국어사전: '사마귀'의 옛말, 출처: 『묘법연화경언해/법화경언해』(1463), 『훈몽자회』(예산문고본, 1527), 『자회』(예산문고본, 1527), 『신증유합』(1576).
29) 왼쪽 문자는 'civil' 님 첨수도 자료에서, 오른쪽 문자는 『선진화폐문자편』, 11쪽.

'개미'30) 가 생각납니다. 중국학자는 오른쪽 명도전 문자를 中이라 해석합니다. 이는 더듬이가 있는 곤충인 개미의 특징을 묘사한 상형 문자입니다. 왼쪽 문자를 개미라고 해석한 근거는 고조선칼돈의 문자인 오른쪽 문자를 개미라고 해석했기 때문입니다. 초성인 [ㄱ]의 형태인 ㄏ을 맨 위에 두고 아래 문자의 모습은 의미하고자 하는 사물에 맞추는 문자사용 법칙입니다.

34. 무당벌레 혹은 누에

먼저 소리 문자로 읽어보면, 위에 점 4개는 모음 [이~~], 아래 ―은 [ㄹ]받침, 그래서 [일~~], 자연이라면 땅인 ― 위에 점으로 표시된 모래이고, 동물이라면 '무당벌레' 혹은 '누에'라고 생각해 봅니다. 역시 매우 난해한 문자로서 계속 연구해볼 수 있는 자료입니다.

35. 잠자리와 따비

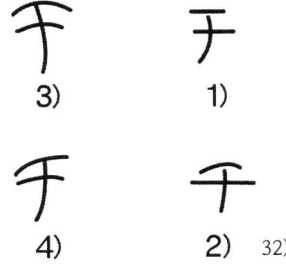

32)

---

30) 개미의 옛말- 개야미≪석보상절(1447)≫ / 가야미≪월인천강지곡(1447)≫.
31) 'civil' 님 첨수도 자료.
32) 『선진화폐문자편』, 70쪽.

중국학자는 어조사 우ㅜ에 넣어 둘 수밖에 없습니다. 그러나 이 문자도 고조선 문자이므로 달리 해석을 해야 합니다.

1) 따비33)는 쟁기의 일종인데, 쟁기보다는 폭이 좁습니다. 이 문자를 '따비'라고 해석해 봅니다. 2) 조그만 문자 ㅜ은 잠자리라 해석해 봅니다. 근거는 고조선칼돈 문자에 이 ㅜ을 포함한 '잠자리' 문자가 있기 때문입니다. 그러나 지속적인 수사 대상 문자라고 봅니다. 3) 이 문자는 처음에 끝이 갈라져 있어 잠자리 꼬리나 해초류라 생각했는데, 양날 따비를 설명하신 듯합니다. 이는 좀 더 연구해야하는 문자입니다. 4) 새우의 배 부분을 표현했다고 봅니다.

이 문자들은 모두 난해하므로 계속 생각을 거듭해야하는 문자들입니다.

36. 올챙이

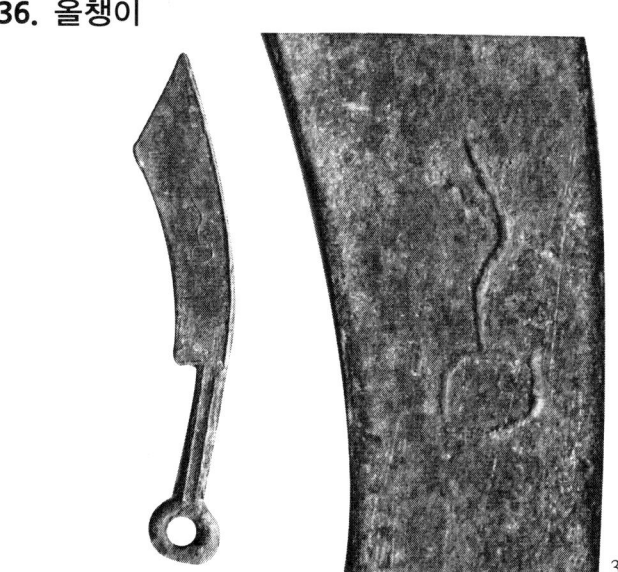

34)

---

33) 쟁기보다 좀 작고 보습이 좁게 생긴 농구의 하나. 풀뿌리를 뽑거나 밭갈이에 씀.
34) 출처: 〈고천원지〉, 오른쪽 사진은 문자 부분을 확대한 사진.

여기 첨수도 문자는 누구나 알 수 있는 문자입니다. '올챙이'입니다. 그리고 훈민정음 제시어이기도 합니다. 이 문자가 제나라 명도전이라고 주장하는 제명도에 들어 있습니다.

하지만 중국학자들은 이 문자를 해석하지 못 하고, 해석하지 못 하는 문자 번호 453번 안에 넣어 두고 있습니다. 그러나 누구나 보시다시피, '올챙이'를 그렸고, 첨수도 문자가 그대로 왼쪽 그림에 있는 제나라 명도전-실제로는 고조선칼돈-에 이어진 것을 확인하실 수 있습니다.

35)

37. 개구리 혹은 그릇 종류

이 문자 자료도 굉장히 난해합니다. '뼈'라는 모습이 더 오르기도 하고, '솥'을 얹은 '아궁이'도 생각납니다. 만약 동물이라면 '개구리'이지 않을까 생각해 봅니다. 최근에는 청동 그릇 종류 중의 하나라고 생각해 보기도 했습니다.

36)

---

35) 『선진화폐문자편』, 314쪽.
36) Daum 'civil' 님 첨수도 자료 중.

38. 거미 혹은 메주

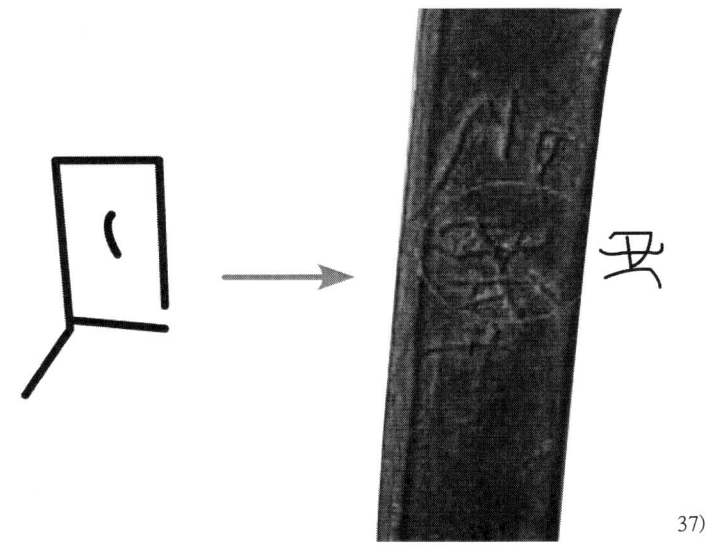

37)

왼쪽 문자를 『선진화폐문자편』 책 속에서 처음 보았을 때, 어떻게 해석할 방법이 없었습니다. 시간이 흐른 후 소리 문자로 먼저 읽었습니다. ㅁ은 [ㅂ]음가이고, / 부위는 [아]음가이고, 중간점은 [받침 ㅇ]이라 읽어 [방]이라 읽었습니다. 그러다가 중간점이 점보다는 좀 길어 보여서 어떤 작은 곤충을 상형했다고 생각했습니다. 그러자 ㅁ은 거미줄로 연상되고 점은 거미줄에 잡힌 작은 곤충이라 생각했습니다. 그리고 다시 소리 문자라고 본다면, [망]網으로 읽을 수도 있습니다. ㅁ을 현대 한국어 처음 [ㅁ]음가로 읽고, 안의 점을 [받침 ㅇ]으로 읽는 것입니다. 다시 좀 더 수사해보아야 하는 문자입니다. 오른쪽은 고조선칼돈 위의 '독거미줄'인데, 중간 원 부위가 '거미'를 표현합니다. 만약 먹거리라면 왼쪽 문자는 '메주'를 표현했다고도 볼 수 있습니다.

---

37) 왼쪽 문자:『선진화폐문자편』, 279쪽, 오른쪽 사진: 〈고천원지〉.

39. 전갈

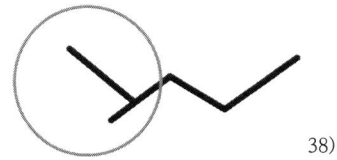

38)

이 문자는 '전갈'을 표현한다고 봅니다. 왼쪽 원은 전갈의 꼬리 부분 독침이라 봅니다.

달리 해석할 여지도 있어 보입니다만, 현재로는 '전갈'이라 해석해 둡니다.

40. 곤충 혹은 장수하늘소

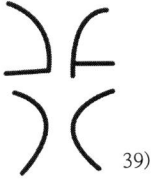

39)

처음에 첨수도 이 문자를 '염소' 혹은 '산양'이라 해석했습니다. 위의 문자를 뿔로 보느냐 더듬이로 보는가 하는 차이점이고, 아래 문자를 염소의 웃는 모습으로 보느냐 곤충의 날개로 보느냐하는 차이점입니다. 곤충이라면 더듬이가 길고 매력적인 '장수하늘소'를 표현했을 수도 있습니다. 현재 이 문자는 '더듬이'와 '날개'를 특징적으로 보여주는 '곤충'이란 낱말이라 해석해 둡니다.

여기까지 곤충 수사였으나 문자 의미에 딱 맞지 않는 부분이 있으니 지속적인 수사가 필요합니다. 여기서 부터는 어류魚類에 대해 생각해 보겠습니다.

---

38) 『선진화폐문자편』, 278쪽.
39) 『선진화폐문자편』, 32쪽.

41. 물고기

이미 기초 수사 단계에서 첨수도 물고기를 소개해 드렸습니다만, 워낙 분명한 문자이고 중요한 문자이니 다른 측면에서 한 번 더 수사해 봅니다.

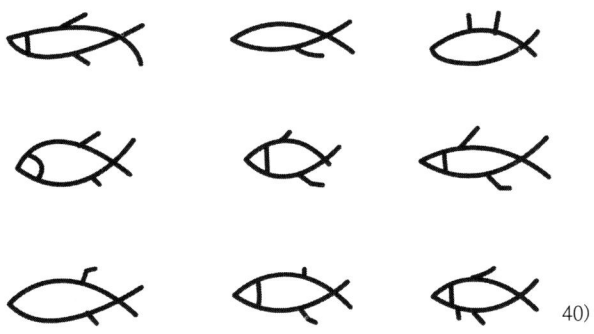

40)

원래는 세워져 있던 첨수도 물고기인데, 세부적인 수사를 위해 옆으로 눕혔습니다. 모두 9마리의 물고기인데 모두 약간씩 다릅니다. 그래서 물고기 종류를 나름대로 세부적으로 표현하려고 했다고 봅니다. 다만 아가미가 없는 왼쪽에서 두 번째 문자는 '물', 세 번째 문자는 '연못'을 표현한 문자라 보고, 일곱 번째 문자는 '돌고래'라고 읽어 봅니다.

---

40) 『선진화폐문자편』, 176쪽.

42. 새우

41)

이 문자 수사도 굉장히 어려웠습니다. 왜냐하면 명도전 문자에서 보이는 새우의 특징이 침수도 '새우'에서는 그대로 드러나지 않았기 때문입니다. 가오리라고 생각해 볼 여지는 있지만, ◇꼴 위쪽에 수염이 있어 새우가 더 정확한 듯합니다. 중간 문자는 침수도 문자인데 중국학자들은 于라 해석해 두었습니다. 이 부분은 새우의 뒷면 몸통 부분만을 표시한 것으로 봅니다. 근거는 고조선칼돈 위의 '새우' 문자입니다.

43. 고래 그리고 비 우(雨)

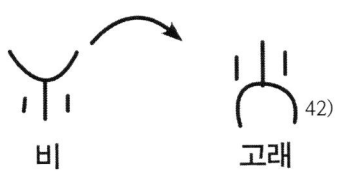
42)
비   고래

---

41) 왼쪽 침수도 문자:『선진화폐문자편』, 271쪽, 중간 침수도 문자:『선진화폐문자편』, 70쪽, 오른쪽 문자 연명도 문자:『선진화폐문자편』, 290쪽.
42) Daum 'civil' 님 침수도 자료 중.

44. 상어

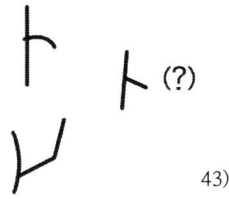

43)

이 문자도 어려운 문자입니다. 중국학자들은 점 복卜으로 읽고 있습니다만, 저는 상어의 지느러미를 세운 문자로 보고 있습니다. 상당히 어려운 문자로서 지속적인 수사 자료라고 봅니다.

45. 오징어

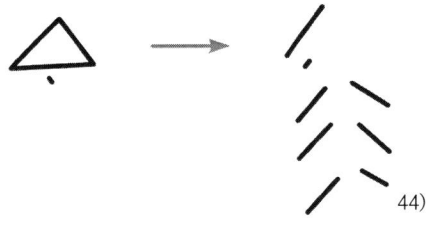

44)

왼쪽 삼각형 △ 아래 점은 이해하기 어려운 문자입니다. 자연이라면 '섬'이라고 볼 수 있고, 동물이라면 '오징어'라고 봅니다.

46. 낚시

물고기들도 찾아보았으니, 낚시를 하러 가볼까요? 낚시의 고조선 칼돈 위의 문자는 분명합니다. 『훈민정음』 해례본 합자해合字解에 나온 제시어이기도 합니다.

---

43) 『선진화폐문자편』, 45쪽.
44) 왼쪽 문자: Daum 'civil' 님 첨수도 자료 중, 오른쪽 문자: Daum 'civil' 님 명도전 자료 중.

1), 2), 3) 모두 비슷한 문자로서 1)과 2)는 중국학자들이 行이라 하는 문자 중에 있습니다. 처음에는 3개의 문자를 세세히 구분할 수 없습니다. 자세히 들여다보면, 맨 위 문자는 ㄱ으로 시작하는 문자이고, 2)와 3)은 ㄴ으로 시작하는 문자입니다. 그래서 침수도 1) 문자는 '가시'로 읽고, 2)는 '낚시 바늘', 3)은 중간에 있는 一을 물로 보고 '낚시'라고 해석했습니다. 중간 문자들은 첨수도 문자입니다. 非라 주장하는 문자입니다. 이 문자는 매우 난해하지만, '가시'라는 문자를 적었다고 봅니다. 1) 오른쪽 문자는 『선진화폐문자편』 288쪽에 나오는 고조선칼돈에 나오는 문자인데, '가시'라는 문자를 새로이 만들었다고 봅니다. 3) 오른쪽 문자는 Daum 'civil' 님 명도전 자료 중에 나오는 문자인데, T라는 낚싯대를 강물에 드리운 모습이라 봅니다.

---

45) 출처: 1) 2) 왼쪽문자와 2)의 중간 문자는 『선진화폐문자편』, 32쪽, 行이라 주장하는 문자 중에서, 1)의 중간 문자는 『선진화폐문자편』, 176쪽, 非라 주장하는 문자 중에서, 1) 오른쪽 문자는 『선진화폐문자편』, 288쪽, 3)왼쪽 문자는 『선진화폐문자편』, 248쪽, 一行항목, 오른쪽 문자는 Daum 'civil' 님 명도전 자료 중.

47. 용(龍)

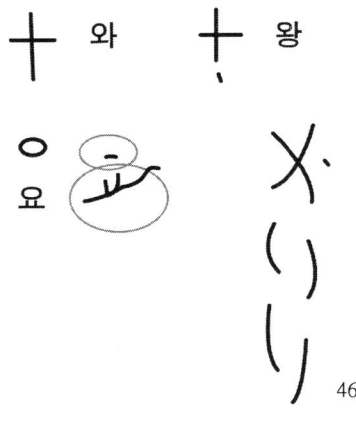

중국학자이거나 한자 학자 누구라도 十은 十이나 七로 읽을 수밖에 없는 문자입니다. 그러나 만약 소리 문자 시각으로 보면 해석이 달라집니다. 소리 문자로는 [와]라고 해석합니다.

아래 점이 있다면, [왕]입니다. 물론 어떤 물체를 상형하는 상형문자 형식으로 해석해 볼 여지는 있습니다. 아래 문자는 제가 먼저 '요강'이라 읽었는데, 좀 더 자세히 보니, 아래 부분이 하늘을 나는 모습이라 봅니다. 그래서 '용'이라 읽어 봅니다.

48. 모음의 분파도와 용(龍) 써 보기

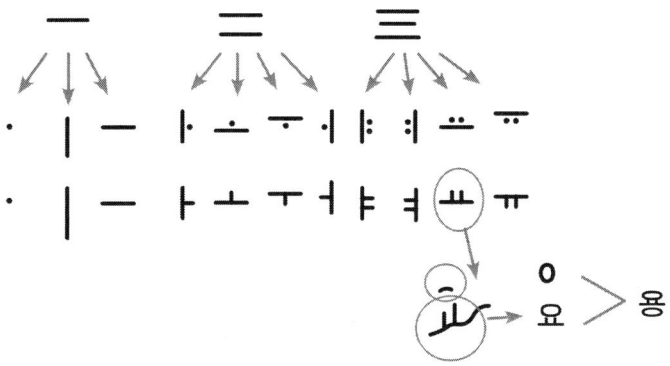

---

46) 十과 十 아래 점은 Daum 'civil' 님 첨수도 자료 중, 아래 문자는 『선진화폐문자편』, 277쪽, 아래의 오른쪽은 Daum 'civil' 님 명도전 자료 중.

'civil' 님 첨수도 문자 모음과 아라가야 한글에 보면 一, 二, 三이 나옵니다. 한자로 일, 이, 삼이라 읽고 넘어갈 수밖에 없는 문자이지만, 이 문자는 모음 숫자를 표시하는 것입니다. 그리고 점과 선의 구분이 없습니다. 점은 선이고, 선은 수직선과 수평선으로 표현할 수 있습니다.

여기서『환단고기』에 실린 가림토 모음과 한글 기본 모음이 나오게 되는 것입니다. 예로 [용]이란 한자음을 적고자 한다면, 三이 [요] 소리를 표현하고, 위의 점은 [받침 ㅇ]이 됩니다. 그래서『선진화폐문자편』277쪽 첨수도 문자 [용]이 나오며, 하늘을 나는 모습을 표현하려고 ㅛ 부분을 용이 날갯짓하는 형상으로 만든 것입니다. 점은 [아래아] 혹은 [받침 ㅇ]이 됩니다. 여의주라고 볼 수도 있겠습니다.

그리고 ㅏ는 [아~]장음, ㅗ는 [오~]장음, ㅜ는 [우~]장음, ㅓ는 [어~]장음이기도 합니다.

여기서 잠시만 수사의 본처로 돌아가서 점과 도형에 대한 수사를 하고 다시 문자 수사를 해나가는 것이 이해력을 높일 수 있다고 보고, 몇 가지 점을 검토해 보겠습니다.

49. 점과 도형 수사

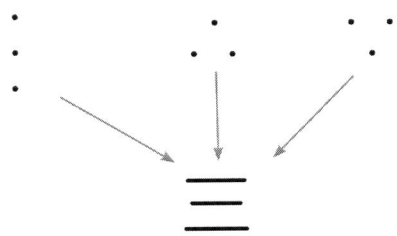

위 문자들은 첨수도 위의 점 문자입니다. 상형으로는 눈, 모래, 별자리

등으로 읽을 수도 있습니다. 위 문자를 소리 문자로 본다면, 결국 점 3개도 선 3개=와 마찬가지인 모음 길이를 표현하고 있다고 봅니다.

50. 점과 도형 정리

본격 수사 전에 사진을 먼저 보고 점이 어떻게 찍혔는가 보겠습니다.

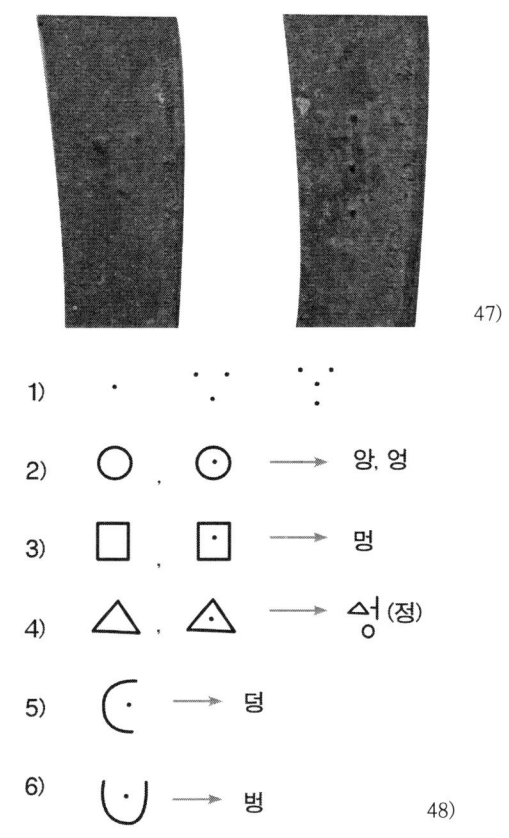

47)

48)

---
47) 점이 있는 첨수도 화폐 자료 출처: 〈고천원지〉.
48) 1) 점 3개와 점 4개 출처: 『선진화폐연구』, 306쪽.

점과 점을 포함한 도형에 대한 본격 수사에 들어갑니다.

1) 점은 중국 〈고천원지〉 블로그 사진에도 여러 개 있었습니다. 『선진화폐연구』 306쪽에 있는 이 자료는 점이 3개, 4개 들어있는 특별한 자료입니다. 소리 문자로 보면, 4개의 점은 [받침 ㅇ]이 포함된 긴 장음에 해당한다고 봅니다. 물론 상형으로 보면 점들이고, 인체의 어떤 구멍을 표현하기도 합니다. 저는 훈민정음의 제시어를 단서로 이 점 4개를 구슬이라 해석해 보기도 합니다. 2) 원입니다. 『선진화폐문자편』 113쪽, 첨수도 문자로서 사물의 둥근 모양을 표현합니다. 예로 사람에게는 얼굴이고 하늘에는 해입니다. 도형으로는 원이고, 소리 문자로 보면 목구멍 소리 [ㅇ]에 해당합니다. 점이 중간에 들어간 문자는 『선진화폐연구』 304쪽에 나오는 문자로 소리 문자로 보면, 어린아이가 우는 소리 [앙], [엉]이 될 것이고, 상형으로는 사람의 눈 혹은 단추 등 둥근 물건이 됩니다. 3) 네모입니다. 『선진화폐연구』 264쪽에 첨수도 문자로 나옵니다. 도형으로는 네모이고, 소리로는 [마] 혹은 [머]라고 봅니다. 점이 중간에 들어가면 [마 아래 아] 혹은 [멍]으로서 개의 소리를 표현한다고 봅니다. 4) 삼각형 △입니다. 『선진화폐문자편』 280쪽입니다. 훈민정음과 같은 소리 음가라고 봅니다. 여기서는 편의상 [ㅈ]에 배당해봅니다. [성] 혹은 [정]을 표현한다고 봅니다. 5) C는 [ㄷ]음가입니다. 중간에 점은 [ㄷ 아래 아] 혹은 [덩]으로 읽어 봅니다. 상형으로는 귀라고 볼 수 있습니다. 혹은 악기라고 생각해보면 징이라고 봅니다. 훈민정음에 옥표이 나오므로 이를 참고하자면, 이 문자가 옥 귀고리일 수도 있습니다. 6) U는 [ㅂ]음가입니다. 중간에 점은 [ㅂ 아래 아] 혹은 [벙], [방]으로 읽어 봅니다. 악기로는 북이라고 봅니다.

51. X와 X 위의 점 읽어 보기

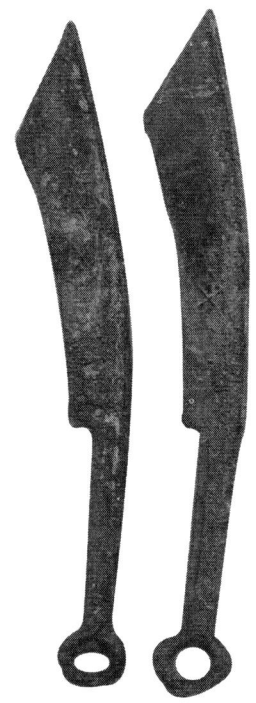

49)

사진에서 보시다시피, X는 영어 로마 글자로 근대에 인식되기 전에 이미 첨수도 위에 있었습니다. 물론『환단고기』의 가림토 문자50)에도 있습니다. 또한 중국학자들이『선진화폐문자편』218쪽에 五라고 배당해 놓았습니다. 여기서는 X를 상형으로 보면, 물레방아 하는 체 조이고, 소리 음가로는 [ㅋ]음가입니다. 지금 표기로 치면, [카]와 [커] 사이입니다. 위에 점이 있다면, 소리 음가로 [캉] 혹은 [컹]입니다. 개 짖는 소리의 표현일 것입니다. 여기에 획수를 첨가해서 고조선칼돈 '콩'이라고 봅니다.

---

49) 출처: 〈고천원지〉.
50) 임승국 번역 주해,『한단고기』, 정신세계사, 68쪽.

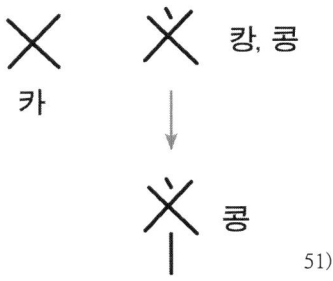

51)

52. 해와 짱(혹은 나방)

이번 수사 대상 문자는 『고조선과 동북아의 고대 화폐』(박선미, 학연문화사, 2009) 표지 사진입니다.

52)

왼쪽 문자에서 특징은 'ㅎ' 모양새에서 점이 있다는 것입니다. 마치 눈과 눈썹 사이에 점이 찍힌 듯합니다. 이 점도 역시 저는 [ㅎ 아래 아]음가를 표기한 것이라고 보고 있습니다.

---
51) 아래 문자 출처: Daum 'civil' 님 명도전 자료 중.
52) 출처: 박선미, 『고조선과 동북아의 고대 화폐』, 학연문화사, 2009, 표지 사진.

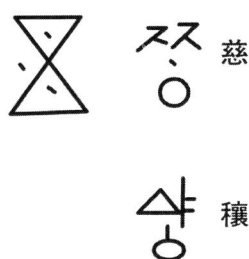

사진의 오른쪽 문자인데, 상형으로는 '나방'이라 읽어 보기도 합니다. 왼쪽 점이 [받침 ㅇ]을 표현했다고 봅니다. 소리 문자로 보면 ㅿ을 [ㅈ]음가에 배당해서 자慈의 세종 때 표현 '쯩'으로 읽어 봅니다. 세종 대에는 한자음에 소리 음가가 없는 'ㅇ'을 붙였습니다. 저는 이 표시가 고조선칼돈 화폐의 국명 부분인 '흐(해)'의 원을 상징한다고 봅니다. 혹은 볏짚 양穰으로 읽을 수도 있습니다.

집필 마지막 단계에서 이 문자를 한글 자모음 통합 문자라고 생각했습니다.

53. 봉(鳳)과 뽕나무

용龍과 같이 봉을 살펴보겠습니다.

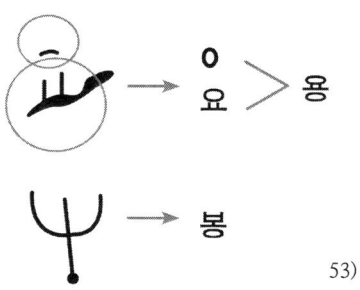

53)

위 문자는 앞에서 보여드린 하늘을 나는 '용龍'의 모습을 표현한 문자입니다. 아래 문자는 『선진화폐문자편』 92쪽에 나오는 첨수도 문자입니다. 중국학자들은 이 문자를 生으로 해석합니다. 그러나 저는 이 문자 중에서 U는 [ㅂ]으로 ㅣ은 [오]로, 아래 점은 받침[ㅇ]으로 보아 [봉]이라 해석합니다. 즉 날개를 활짝 펴고 있는 '봉鳳'의 모습을 표현했다고 봅니다.

이번에는 같은 쪽에 있는 문자들을 수사해 보겠습니다.

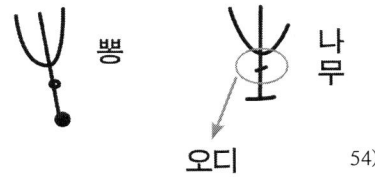

54)

저는 『선진화폐문자편』 첨수도 92쪽에 있는 왼쪽 문자를 처음엔 소리 문자로 [봉] 혹은 받침이 이응 두개 붙은 [보ㅇㅇ] 문자로 보았습니다. 혹시나 해서 방구 소리 [뽕]이라고도 생각해 보았습니다. 그런데 '뽕나무'에 대해 검색해보니 방구 소리를 그대로 적용한 나무이름이라 합니다. 왼쪽 문자는 정말 방구 끼는 모습을 표현했지요. 방구가 나오는 소리를 의성어로 표현하셨습니다. 방구 뽕~. 쌍비읍을 엉덩이로 만드시고 ㅣ은 [오], 받침 ㅇ 두개는 긴 방구 소리를 형상화 한 것입니다. 만약 악기라면 혀로 부는 '피리'가 됩니다. 그래서 '방구피리'라는 문자가 됩니다. 현재의 언습에도 '방구피리'라는 표현으로 남아있습니다.

뽕나무는 나무이니, 나무는 나무처럼 그려야 하겠지요. 바로 옆에 열매 오디가 달린 뽕나무를 볼 수 있습니다. 나뭇잎은 누에의 먹이가 됩니다. 중국학자들이 生이라 위조한 곳에 들어 있습니다. 물론 고대

---

53) 왼쪽 문자: 『선진화폐문자편』 277쪽에 나오는 첨수도 문자, 오른쪽 문자: 『선진화폐문자편』 92쪽에 나오는 첨수도 문자.
54) 『선진화폐문자편』, 92쪽.

한자 生과 비슷한 문자이니 그럴 수는 있지만, 이는 고대 한자가 아닌 고대 한글입니다.

54. 배와 舌

이 '배'를 찾기 위한 수사 여정도 쉬운 여정이 아니었습니다. 처음에는 소리 문자 쪽에 집중을 해서 수사를 시작했습니다. 왜냐하면 첨수도 문자가 소리 문자를 기초로 한 상형문자라 생각했기 때문입니다.

1) 수사 초기 기록

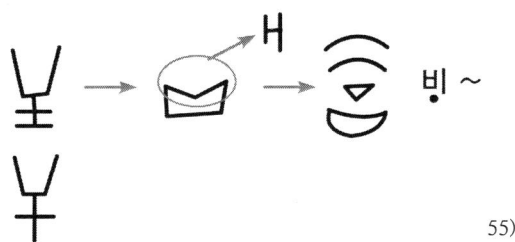

55)

침수도 시절의 문자인데 이 문자의 위 부분을 ㄴ[ㅂ]음가로 보고, 아래 부분을 [애]음가로 보았습니다. 한 획을 뺀 아래 문자도 거의 같다고 봅니다. 중간 문자는 원래 첨수도에 없는 문자인 줄 알고 짐작으로 적은 문자입니다. 그런데 첨수도 이 문자를 『선진화폐문자편』 277쪽에서 찾았습니다. 형상으로 보면, 종이배를 표현했을 가능성도 많습니다. 오른쪽 문자는 고조선칼돈 위의 '배' 문자입니다. 첨수도 문자에서 아래 ㄴ을 배 모양으로 그림을 그리고, 위의 두 줄은 모음 음가이면서 고기를 잡고 돌아오는 바닷가 하늘을 표현했다고 봅니다.

---

55) 『선진화폐문자편』, 279쪽, 읽지 못 하는 문자 183번에 배당되어 있음. 중간은 『선진화 폐문자편』, 277쪽, 오른쪽 문자는 Daum 'civil' 님 명도전 자료 중.

2) 중간 수사 기록: 선박船舶의 배, 과일의 배梨, 복근腹筋을 가진 사람의 배

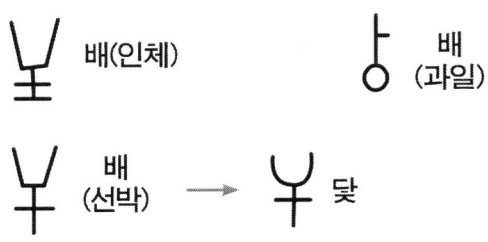

중간 수사를 하면서, '배'의 문자 3개를 구분해 보았습니다. 위 문자에서 王이 들어간 문자는 배의 복근腹筋으로 보아 인체의 배라고 해석해 봅니다. 아래 문자에서 각진 부분으로 ⊔ 모습이라면 선박船舶의 배, 문자의 위 부분이 둥근 모습으로 U 모습이면 '닻'이라고 읽어봅니다. 완전히 원 모양이 나오면 과일 배梨라고 읽어 봅니다. 선박의 배 문자 아래 十은 닻을 의미한다고 봅니다. 그러니 '닻'을 표현한 문자라고 볼 수도 있습니다. 닻은 위에서 아래로 던지니, 위에서 아래로 읽습니다.

3) 최근 수사: 돛단배 그리고 吉

중국학자들은 이 문자를 吉이라 해석할 수밖에 없습니다. 이 문자는 '배'를 나타낸다고 봅니다. 위 부분은 돛이고, 아래는 배의 본체입니다. 바람을 타고 배가 바다 위를 달리고 있으니 모습도 약간 기울여 있습니다. 이 문자도 그 문자 필체의 미세한 의미를 이해해야

돛

56)

---

56) 『선진화폐문자편』, 27쪽.

'배'를 찾을 수 있습니다. 그러면 중간수사 기록에 나타난 선박船舶의 배는 어떻게 된 것일까요? 그건 중간수사 기록에 나타난 선박의 배는 배를 총괄적으로 표현한 문자이고, 여기서의 배는 돛을 단 배, 즉 돛단배를 구체적으로 표현하신 것입니다. 그리고 아래서 위로 '돛'이란 문자가 되기도 합니다. 돛은 아래서 위로 올리기 때문입니다.

55. 베, 배, 병

1) 베
2) 배
3) 병 瓶 57)

1) 베는 베틀에 베를 짜는 모습이라 봅니다. 2) 배는 선박이란 의미입니다. 그러면 54번 중간 수사 기록의 선박船舶의 배는 어떻게 된 것인가 궁금할 것입니다. 중간 수사 기록의 선박의 배는 복근腹筋을 가진 사람의 배에 따라 제가 임시로 만든 문자입니다. 현재까지 다른 자료가 없기에 2)번 문자를 선박船舶의 배로 확인해 둡니다. 3) 동그라미는 받침 ㅇ을 표현했다고 봅니다. 그래서 병瓶을 표현했다고 보는데, 문방구로서는 연적硯滴일 수도 있습니다.

여기서는 중국학자들이 舟이라 우기는 문자를 수사해보고 다른 문자로 넘어가겠습니다.

---

57) 출처: Daum 'civil' 님 첨수도 자료 중.

56. 선비, 놈, 바리, 둥지, 바람, 감, 차 대 츰

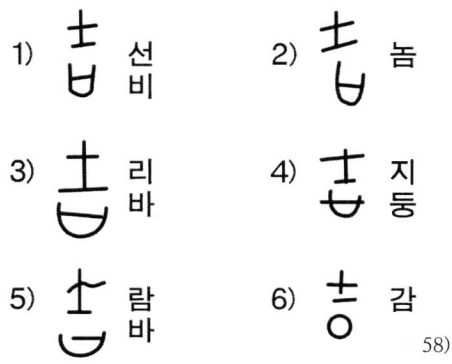
58)

중국학자들이 『선진화폐문자편』 첨수도 화폐 26~27쪽의 문자를 모두 츰이라 주장합니다. 그리고 누구나 츰로 해석하겠지만, 저는 이 문자의 의미를 알아채기 전에 저의 저서에서 둥지, 바리, 선비로 해석했습니다. 59) 그런데 여러 가지로 해석할 수밖에 없었던 이유는 문자의 미세한 차이점이 존재하고 있음을 몰랐기 때문입니다. 이 문자들을 자세히 보면, 미세하지만 모두 조금씩 다른 모습입니다. 이런 문자 특징을 살려 청동 화폐에 새겼다는 것이 놀랍습니다.

1) 집에서 단정히 모자㍿를 쓰고 있는 선비를 표현하는 '선비'입니다. 2) 모자를 삐뚤게 쓴 '놈'입니다. 해학적이면서 재치가 있습니다. 모자 외에 얼굴도 삐뚤게 되어 있어 그 의미를 더 하고 있습니다. 3) 밥그릇 '바리'입니다. 아래에 밥이 담긴 모습을 미묘하게 표현하고 있습니다. 위는 밥을 놓는 밥상을 표현합니다. 혹은 '가마솥'을 표현합니다. 4) 이건 새의 '둥지'입니다. 위는 새의 날갯짓을 표현하고,

---

58) 『선진화폐문자편』, 26~27쪽.
59) 본인의 저서 『고조선 문자』, 목록 152번에서 '바리와 둥지, 차 다(茶)'라고 해석한 문자.

아래 문자는 나뭇가지로 만든 둥지라는 표현으로 一이 U 부분 밖으로 나가 있습니다. 5) '바람', 자연의 바람도 찾았습니다. 이건 초나 호롱불이 바람에 날리는 모습을 표현합니다. 6) 十은 [ㄱ]음가이고, 감꼭지이지요. 一은 [아]입니다. 감이 달린 부분입니다. 둥근 부분은 [ㅁ]이면서 감 열매입니다. 훈민정음 제시어로 '감'입니다.

이게 바로 吉에 담긴 고대 상형한글의 비밀이고, 제가 고조선칼돈에서 여러 의미로 吉을 읽을 수밖에 없었던 이유입니다. 그리고 고조선칼돈에서는 한자 吉과 구별을 위해 위에 口를 적고 아래에 土를 적어 다른 문자임을 확실히 해 두고 있습니다.

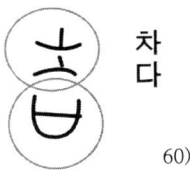

이 문자는 『선진화폐문자편』 첨수도 화폐 26쪽에 나오는 吉 목록 첫 문자입니다. 저는 이 문자를 차다茶라고 해석했습니다. 아래는 찻잔이고, 위는 차의 나무와 찻잎을 표현했다고 봅니다. 문자가 해석이 맞다면, 최초의 차를 마신 곳은 고조선이겠지요.

지금부터는 다시 식물들이 있는 곳으로 수사 방향을 잡아 보겠습니다.

---

60) 『선진화폐문자편』, 26쪽.

57. 나팔과 나팔꽃 대 八九

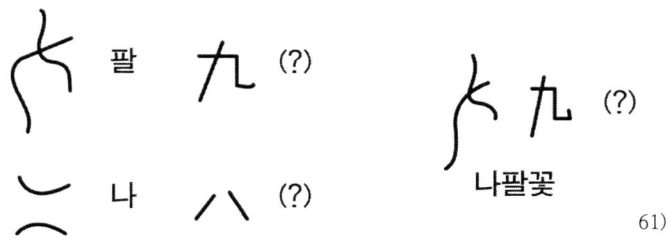

61)

    이 문자들 수사도 쉬운 것만은 아니었습니다. 왜냐하면 중국학자들이 九라고 해 두었기 때문에 그 九를 넘어 나팔꽃을 찾아내기는 쉽지 않습니다. 게다가 왼쪽 문자에는 아래가 八을 돌린 문자 형태로 나와 있어 더욱 수사를 어렵게 합니다. 실제로『선진화폐연구』에서 '八九'라고 주장하고 있고, 중국 고대 한자도 이와 유사하기 때문입니다. 그러나 고대 상형한글이란 입장에서 보면, 아래 문자는 '나'를 풀어 악기의 입 부분을 상징적으로 표현하였습니다. 위 문자는 '팔' 부분에서 [ㅍ]음가의 벌어진 U 부분이 악기의 옆면을 표현하고, [아] 부분이 사람의 연주 바람이 올라가는 모습을 표현했다고 봅니다. 오른쪽 문자는 왼쪽 문자와 거의 같지만 약간 미세한 차이는 줄기 부분이 좀 더 길고 휘어져 나팔꽃의 줄기 특징을 표현하고자 했다고 봅니다. 이 오른쪽 문자 역시 중국학자들은 숫자 九라 보고 있습니다.

---

61) 왼쪽 문자:『선진화폐연구』, 262쪽, 오른쪽 문자:『선진화폐문자편』, 223쪽.

58. 벼

이 문자 사진들은 모두 〈고천원지〉에 게재된 사진입니다. 그리고 오른쪽 문자는 『선진화폐문자편』 316쪽에 모르는 문자인 457번 제명도 문자에 자료로 올려 두었습니다. 이 문자는 누구나 충분히 상상할 수 있는 '벼'입니다. 훈민정음의 제시어이기도 합니다. 이 문자 만드는 방법을 보겠습니다.

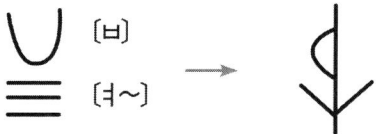

초성인 [ㅂ]음가는 고대에 U나 ㅂ 형태로 정해져 있었습니다. 다음 모음 부분인 [ㅕ]에서 '벼'는 좀 길게 납니다. [벼~]입니다. 그러니 [ㅓ]는 한 획 一, [ㅕ]는 두 획 二, [ㅕ~]는 삼 획 三입니다. 여기서 U를 돌려 C의 형태로 벼의 쌀알 부분을 만들고, 나머지 모음 부분으로 벼의 줄기와 잎을 그립니다. 그러면 멋진 상형한글이 태어납니다.

---

62) 왼쪽 문자: 〈고천원지〉 첨수도 문자, 오른쪽 문자는 〈고천원지〉 명도전 문자이면서 『선진화폐문자편』 316쪽에 모르는 문자인 457번 제명도 문자.

59. 띠

띠는 훈민정음 용자례用字例에 '뒤'로 나옵니다. 벼의 뒤에서 자라서 일까요? 일단 쌀알이 없는 문자를 찾아보았습니다.

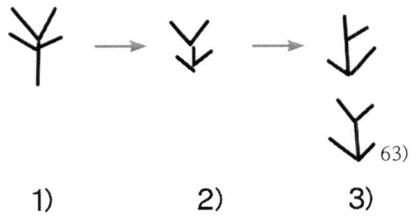

벼에 달린 '쌀알'이 없는 이 문자를 '띠'로 해석해보았습니다. 중국 학자들은 大로 해석하고 있으나, 저는 식물로 봅니다. 그리고 3) 제명도 문자 2개는 모두 '띠'로 해석해 보았으나 더 연구해야할 여지는 있습니다. 초기 수사에서는 2) 첨수도 문자를 '논'이라고 해석해 보기도 했습니다.

---

63) 『선진화폐문자편』 163~164쪽에 大문자 항목에 1) 침수도 문자 2) 첨수도 문자 3) 제명도 문자 2개.

60. 버드나무

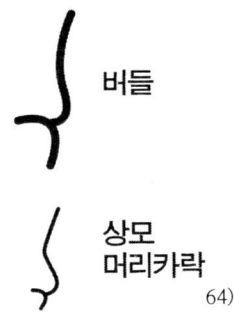

위아래 문자를 대강 보시면 같은 문자지만, 세밀히 보시면 다름을 알 수 있습니다. 크기와 짙은 정도에서 위 문자가 더 크고 짙습니다. 아래 문자는 가는 선으로 되어 있습니다. 위 문자는 버드나무 가지가 바람에 흔들리는 모습을 잘 표현한 문자라고 봅니다. 아래 문자는 상모에 올린 긴 선이거나, 사람 인체의 머리카락이라 봅니다. 중국학자들은 둘 다 해석 못합니다.

이 첨수도 '버들' 문자는 고조선칼돈 문자에서 다른 모습의 '버들' 문자로 변형되지만, 역시 버드나무의 특징을 잘 표현한 문자라고 보고 있습니다. 이 문자는 훈민정음 용자례用字例의 제시어이기도 합니다.

---

64) 『선진화폐문자편』, 273쪽, 위의 그림만 『선진화폐연구』, 263쪽에 6번, 동일 문자임.
65) 오른쪽 문자 출처: Daum 'civil' 님 첨수도 자료 중.

61. 대나무

ᅢ 66) 이 문자는 소리 문자로만 본다면, 훈민정음 제시어 '쌔(때)'라고 생각해 볼 수도 있지만, 상형으로 본다면 대나무를 표현했다고 봅니다.

62. 소나무와 반유송(盤裕松)

1) ᅪ   솔잎

2) ᅩ   솔송

3) ᅩ   소나무, 반유송 67)

위 2개의 문자는 『선진화폐문자편』 13쪽에 나오는 첨수도 문자입니다. 중국학자들은 이 문자를 屮68)이라 해석합니다. 이 문자들 중 위 문자는 작은 모양새로 솔잎을 표현하고, 중간 문자는 맨 위 문자보다는 크기가 큰 문자로서 소나무이면서 아래 점은 솔방울처럼 보입니다. 이 솔방울 부위가 [받침 ㅇ]이라 봅니다. 즉 [송松] 한자음을 상형 한글로 표현한 문자라고 봅니다. 그런데 옛날 생각에 해와 달이 지는 곳에 소나무가 있는데 이를 반유송盤裕松이라고 합니다. 2번째와 3번째 문자 중 하나가 반유송을 표현한다고 봅니다. 마지막 문자는 『선진

---

66) 『선진화폐문자편』, 272쪽, 132번 첨수도 문자.
67) 『선진화폐문자편』 13쪽에 나오는 첨수도 문자 2개, 마지막 문자 출처: 『선진화폐문자편』 92쪽에 나오는 첨수도 문자.
68) 왼손 좌, 싹날 철, 풀 초.

화폐문자편』 92쪽에 나오는 첨수도 문자입니다. 중국학자들은 이 문자를 生이라 해석합니다. 중국학자들 입장에서는 그럴 수밖에 없습니다만, 소나무를 표현했다고 봅니다.

63. 송이와 매사냥

1)  송이(버섯)

2)  매사냥
[69)]

이 문자는 『선진화폐문자편』 232쪽에 나오는 첨수도 문자입니다. 중국학자들이 2개 다 午라고 해석한 문자입니다. 물론 무심결에 보면 그렇겠거니 할 수 있습니다만, 자세히 문자를 들여다보면, 각기 다른 모습이 나타납니다. 1) 문자는 [슝]이란 의성어라고 읽을 수도 있고, 상형으로 보면 이 문자가 송이버섯이라 봅니다. 이유는 이러합니다. 아래 점은 버섯의 아랫부분으로 땅과 닿은 부분을 표현하고, 버섯 뿌리부분이 매우 약한데, 문자 점을 중심으로 아래 부분이 매우 약한 모습을 표현합니다. 2) 문자는 '매사냥'이라 읽어 봅니다. 책에 있는 문자를 좀 더 확대해서 그려 보면 그 내용을 알 수 있습니다. 위 문자가 매 발톱이고, 아래는 작은 새를 표현합니다. 그냥 무심히 보면 절대 새가 보이지 않습니다. 그림 속에 숨은 작은 새 그림 찾기와 같은 놀이입니다.

---

69) 『선진화폐문자편』, 232쪽.

64. 싸리

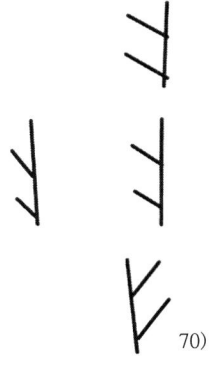

처음에는 나뭇가지나 혹은 지게의 옆면으로 보았으나, 지금은 나무 중에도 쓰임새가 많은 싸리나무라고 봅니다. 싸리나무는 여러 효용성이 많았습니다. 나뭇가지가 잘 휘어지면서도 단단한 재질이기 때문에 다양한 물품을 만드는 데 적합합니다. 회초리 재료이기도 합니다. 특히 가는 선으로 표시해서 가지가 가는 나무라는 것을 표시한다고 봅니다. 싸리나무에도 다양한 종류가 있으니, 그 종류를 표현하기위해 4가지의 다른 모양을 그렸다고 봅니다. 동사로는 종이나 천을 자르다의 '자르(다)'도 생각해 볼 수 있습니다.

65. 뿌리

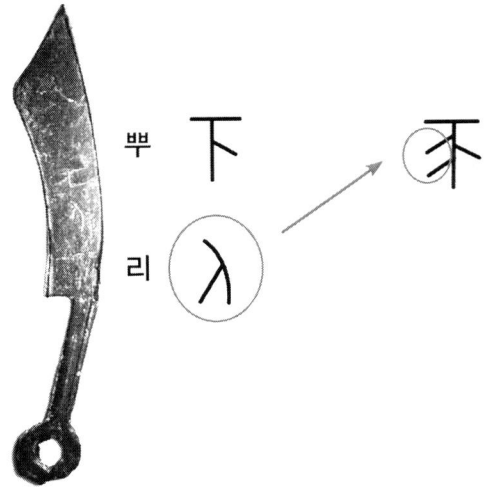

---

70) 『선진화폐문자편』, 272쪽, 135번 중국학자들이 해석 못 하는 문자.

이 문자는 下라고만 읽을 수밖에 없습니다. 그러나 저는 이 문자를 확인하기 전에 고조선칼돈에서 下人을 합친 문자를 '뿌리'라고 읽었습니다. 『선진화폐연구』 264쪽에도 나오는 이 문자의 아래 문자 人은 식물이다라는 표식입니다. 下와 人이 합쳐져 완전한 뿌리가 되지요.

66. 씨앗

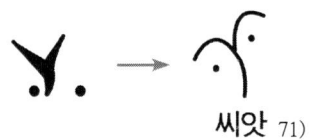

씨앗 71)

이 문자도 왼쪽 상태로는 충분히 이해 할 수 없습니다. 그런데 오른쪽 고조선칼돈 문자를 통해서 왼쪽 문자가 '씨앗'임을 짐작할 수 있습니다.

67. 싹과 대(줄기)

싹

대(줄기)

72)

위 문자는 Daum 'civil' 님 첨수도 자료 안에 있는 문자인데, 下 위에 조금 올라온 것은 뿌리라는 下에서 조금 올라온 '싹'이지요. 아래 문자는 『선진화폐연구』 284쪽에 나오는 문자로 소리 문자로는 [그]입니다만, 一은 땅이고 위의 선은 식물의 줄기로 보입니다.

---

71) 왼쪽 문자: 『선진화폐문자편』, 275쪽, 첨수도 문자, 오른쪽 문자: 『선진화폐문자편』, 279쪽, 제명도 문자.
72) 위 문자: Daum 'civil' 님 첨수도 자료 중, 아래 문자: 『선진화폐연구』, 284쪽 3번.

68. 열매

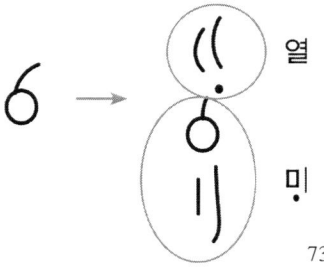

『선진화폐연구』 284쪽에 나오는 이 문자는 누가 수사해도 '열매'라고 수사할 수 있는 문자입니다. Daum 'civil' 님 명도전 자료를 수사해서 오른쪽에 이미 '열매'라는 문자를 찾아 두었습니다.

73)

여기서 부터는 사람의 몸을 살펴보겠습니다.

69. 코 혹은 '코 비(鼻)'

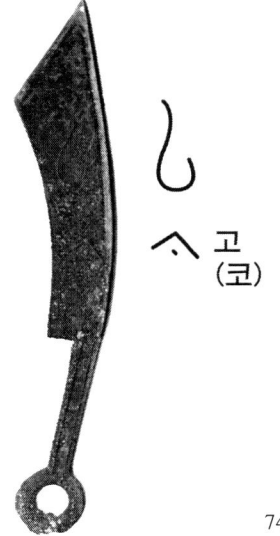

74)

이 문자 사진은 상형문자와 한글이 모두 표현된 특별히 중요한 자료입니다. 이 문자의 위는 상형으로 코를 표현하고 아래는 완전 소리 문자로 '고(코)'를 표현했다고 봅니다. 중요한 것은 『환단고기』에 이 문자가 나온다는 것입니다. 이 문자의 음가는 [ㄱ 아래 아]-->[고]-->[코]음가로 변화되었고, 감기의 옛말 '고뿔'에 '고'가 현재에도 남아 있습니다. 그 이전 고조선 시대에는 [ㄱ 아래 아]음을 사용했다고 봅니다. 그런데 위 문자가 단순히 코의 상형문자인지 한자음 [비鼻]를 표현

---

73) 왼쪽 문자:『선진화폐연구』, 284쪽, 2번, 오른쪽 문자: Daum 'civil'님 명도전 자료 중.
74) 출처:〈고천원지〉.

한 상형한글인지는 더 연구해야 할 과제라 보겠습니다.

70. ㄱ에 대하여

여기서는 잠시 과연 세종께서 훈민정음 ㄱ을 만드신 것일까 생각해 보겠습니다.

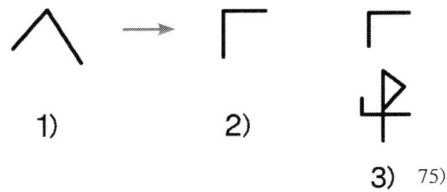

1) 문자는 『선진화폐문자편』 270쪽에 나오는 첨수도 문자입니다. 중국학자들은 읽지 못합니다. 이 문자는 [ㄱ]음가에 현재 한글처럼 동일하게 사용합니다. 2)는 집필 중에 〈고천원지〉 사진에서 찾은 고조선칼돈 문자로서 [ㄱ]음가를 표현한다고 봅니다. 모양은 현재의 그리스 문자 Γ입니다. 그래서 3)의 고조선칼돈에 오면, ㄱ부분을 돌려 [가]음가를 표현하고, 아래 [치] 부분을 까치집이 있는 나무로 표현하신 것입니다. 그 외 '공', '구리', '그', '그녀', '그림', '갈(칼)', '갈(대)', '그럭(기러기)', '가람(강)', '구름'의 고조선칼돈 문자에 모두 사용하고 있습니다. ㄱ은 세종의 창제가 아니고 여기서 보시다시피 고조선 시대에 이미 창제를 해 놓았습니다.

---

75) 위 문자: 『선진화폐문자편』 270쪽에 나오는 첨수도 문자, 아래 문자: Daum 'civil' 님 자료 중.

71. 콧수염

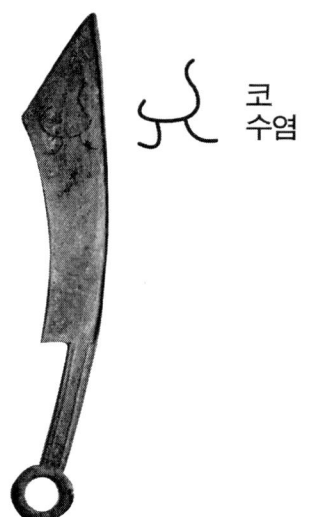

이 문자는 보시는 대로 '콧수염'입니다. 수사 설명이 필요 없는 문자입니다.

76)

72. 콧구멍 혹은 음계 대 작(勺)

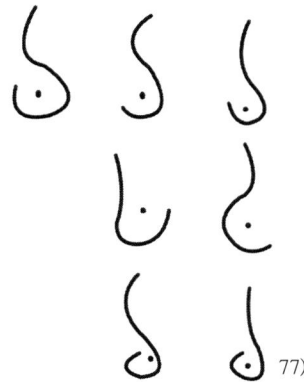

77)

---

76) 출처: 〈고천원지〉.

이 문자 7개가 『선진화폐문자편』 206쪽, 작ㅅ에 있습니다. 작ㅅ의 의미에 피리라는 의미와 풍류라는 의미가 있긴 있습니다. 그러나 저는 맨 아래 둥근 부분을 콧구멍 혹은 낮은 소리 음계라고 보고, 위 5개 문자에서 점은 목구멍을 나타내고, 그 외의 둥근 선들은 음이 올라오는 다양한 선들을 표현한다고 봅니다. 예를 들자면 궁상각치우 宮商角徵羽에 해당한다고 봅니다. 고조선 시대 음표라고 생각해본다면, 사뭇 놀랍습니다. 여기까지는 초기 수사 내용이었고, 집필 과정 중에도 계속 수사를 해서 이 문자 중에 위 문자 5개는 '닭알'을 표현했다고 봅니다. 하지만 이 문자들에게도 모두 특별한 선의 미묘한 차이가 있으니 계속 수사해야 할 자료라고 생각합니다.

73. 눈 혹은 ㅇ 아래 아

1) ○
2) ⊙
3) ① ⊙ ⊖[78]

1) 원입니다. 현재 ㅇ과 동일한 문자라고 봅니다. 2) 『선진화폐연구』에 나오는 문자인데, 눈을 표현 했거나 소리 문자 ㅇ 아래 아를 표현했다고 봅니다. 3) 악어 눈, 닭 눈, 올빼미 눈처럼 동물의 눈을 표현합니다.

---

77) 『선진화폐문자편』, 206쪽, 작(ㅅ).
78) 출처: 1)·3) 『선진화폐문자편』, 113쪽, 日, 첨수도 문자, 2) 『선진화폐연구』, 304쪽.

74. 입과 입술

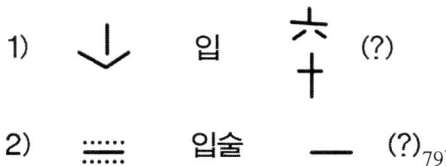

　1) 이 문자는『선진화폐문자편』245쪽에 나오는 첨수도 문자입니다. 중국학자들은 이 문자를 六十이라 합니다. 아래 V가 六이고 ㅣ이 갑골문과 주 금문 시기에 十이라고 해서 일반 학자들은 그렇게 생각할 수 있습니다. 그러나 이는 사람의 인중과 입을 간략히 그린 것으로 [입]이란 상형한글입니다. ㅣ 부분이 [이]이고, V부분은 U를 좀 더 뾰족하게 한 것으로 [ㅂ]음가입니다. 이렇게 읽지 못했던 처음에는 '안' 혹은 '피' 등으로 읽어 보기도 한 문자입니다. 2) 이 문자는『선진화폐문자편』1쪽에 나오는 첨수도 문자입니다. 중국학자들은 이 문자를 一이라 합니다. 누구나 그렇게 읽을 수밖에 없습니다. 이 문자는 보시다시피 입술을 표현한 것입니다. 이 문자를 '흙'으로 읽을 가능성도 있습니다. 왜냐하면 一 부분이 땅 표면을 상징하니, 땅의 위 아래로 흙이 있기 때문입니다.

---

79) 1)『선진화폐문자편』, 245쪽, 2)『선진화폐문자편』, 1쪽.

75. 손

이 문자는 '손'의 상형으로 봅니다. 사람의 5개 손가락을 문자 사용 시에는 3개로 표현했습니다.

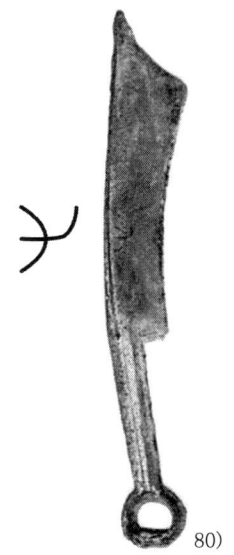
80)

76. 무릎

C 부분이 엉덩이이고, 곡선 부분이 무릎을 꿇고 있는 모습을 표현한다고 봅니다.

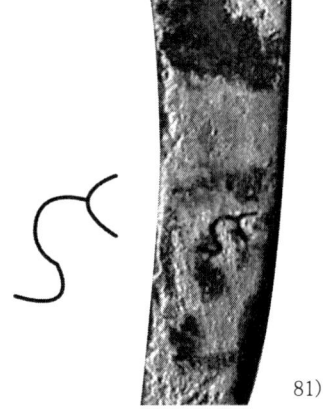
81)

---

80) 출처: 〈고천원지〉.
81) 출처: 〈고천원지〉.

77. 다리

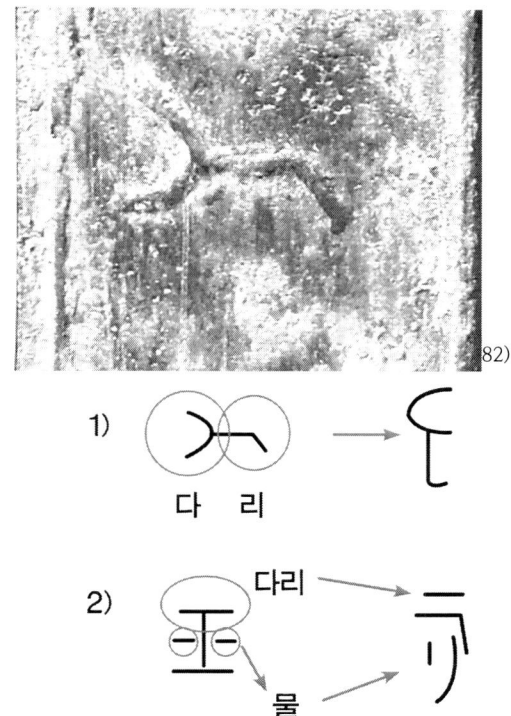
82)

 이 문자는 ⊃ 부분이 엉덩이를 표현하고 나머지 부분이 다리의 전체 모습을 표현합니다.
 다리가 만들어지는 과정을 보겠습니다.
 1) 사람 신체의 다리입니다. 첨수도 다리는 엉덩이와 다리 무릎이 표현되어 있습니다. 고조선칼돈에서 세워서 사람 다리임을 확실히 합니다. 2) 교각인 다리입니다. 좀 어려운데, 工 모양을 다리로 보고, 아래 ㅡ ㅡ은 물이라 봅니다.

---

82) 출처: 〈고천원지〉.

78. 주먹

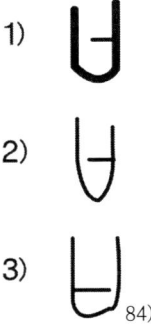

심 주
장 먹 83)

이 문자도 그냥 주먹을 그린 문자라고 봅니다. 만약 '바위 가위 보'라면 '바위'이기도 합니다. 신체 내부라면 심장이라 볼 수도 있습니다.

79. 손가락, 발가락

1) ㅂ

2) ㅂ

3) ㅂ 84)

ㅁ항목에 ㅂ 모양새가 나옵니다. 물론 중국학자들은 ㅁ라 해석할 수밖에 없고, 갑골문 공부하신 분들도 ㅁ라고 넘어 갈 수밖에 없습니다.

1) 문자는 진한 선으로 표현했으니 '골무'라고 봅니다. 2)는 손가락, 3)은 발가락이라 봅니다. 만약 소리 문자라면 현 한글 ㅂ과 동일한 모양에 음가도 동일했다고 봅니다.

---

83)『선진화폐연구』, 285쪽.
84)『선진화폐문자편』, 23쪽.

80. 상투와 도장

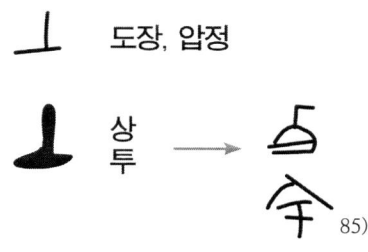

『선진화폐문자편』의 235쪽에 있는 ㅗ입니다. 중국학자들은 숫자 십일(11)이라 해석할 수밖에 없습니다. 왜냐하면 수직선 丨은 고대 중국 한자에서 十이란 의미로 표현되었습니다. 위의 문자는 조금 더 연구해야 하지만, 일단 압정 혹은 도장 정도로 해석해 둡니다. 아래 문자를 처음에 '숯'으로 읽었는데, 이 문자는 그림대로 '상투'라고 읽어야 합니다. 물론 당장 떠오른 것이 아니라 계속 그림을 보며 생각하다가 읽은 것입니다. 위아래는 모두 ㅗ 모양새이지만, 굵기와 표현 양식에서 모두 차이가 있습니다.

81. 댕기

문자 C의 형태가 애매하므로 오른쪽에 확대해 그려 보았습니다. 중국학자들은 이 문자를 九라 해석합니다. 중국학자들 입장에서는 그럴 수밖에 없습니다. 이 문자를 동물로 보면, 전갈로 볼 수 있습니다. 그런데 만약 사람의 일부라면 머리카락을 길게 늘인 '댕기'라고 봅니다.

---

85) 『선진화폐문자편』, 235쪽, 아래 오른쪽 문자:『선진화폐문자편』, 75쪽.
86) 『선진화폐문자편』, 223쪽.

82. 못

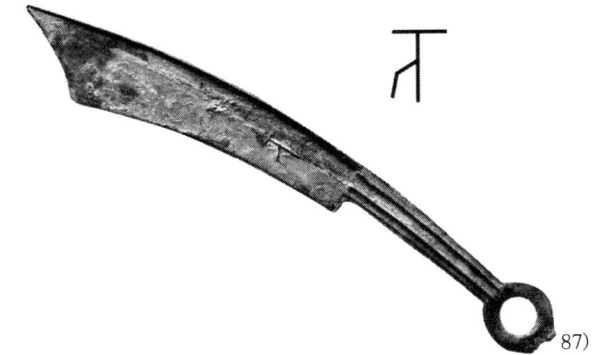
87)

『선진화폐문자편』 270쪽에 나오는 문자입니다. 처음 수사에서는 이 문자를 개보다 더 날카로운 동물 '이리'나 '늑대'라고 보았습니다. 그런데 이 사진에도 보시듯이 T 부분이 못처럼 보입니다. 왼쪽에 붙은 부분은 종성 [ㄷ]을 표현한다고 봅니다. 『훈민정음』 합자해에 '몯 釘'으로 나옵니다.

83. 망치와 신발

1)
2) 88)

한자를 익힌 시각으로 옆 문자를 工으로 읽을 수밖에 없습니다. 1) 장인 工들이 들고 있는 연장 망치라고 봅니다. 선을 굵게 칠하여 망치의 특성을 보여 주고자 했습니다. 2)아래 부분이 신발 부분을 표현했다고 봅니다.

---

87) 출처: 〈고천원지〉.
88) 『선진화폐문자편』, 66쪽, 중국학자들은 工이라 해석합니다.

108 고조선 문자 2: 고조선 문자 계통도

84. 도끼

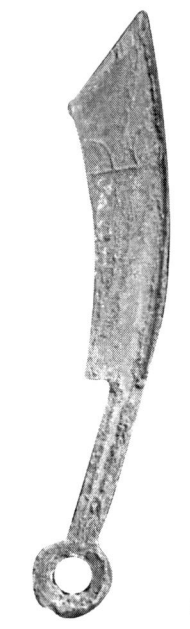

89)

이 첨수도 문자를 세워서 읽으려고 하면 도무지 무슨 문자인가 알 수 없습니다. 하지만 돌려서 보면 '도끼'가 나옵니다.

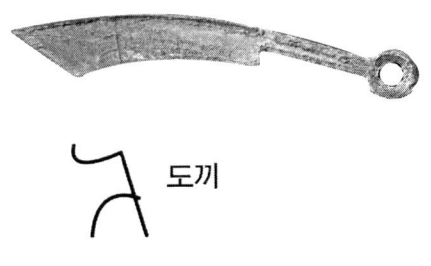

이렇게 돌려보면 누구나 도끼를 그린 문자라는 것을 알 수 있습니다. 이 문자 공부는 사물을 여러 면에서 바라보는 능력을 기르게 할 수도 있습니다.

---

89) 〈고천원지〉.

4장 침수도와 첨수도 문자 개별 해석 **109**

85. 삼태기

 중국에서는 '키'라는 箕라 해석하여 상당히 사실에 다가간 해석입니다만, 이는 삼태기라는 우리 옛날 가방입니다. 농사에 여러 용도로 사용되는데, 요즘의 가방이지요. X는 짚, 대나무, 싸리나무로 얽어 만든다는 것입니다. 중국 학자들이 箕라 해석하는 데, 갑골문 글자와 상당히 닮았으니, 그렇게 해석할 수도 있습니다.

86. 키 혹은 새

91)

이 문자는 옆으로 보면 '새'이고, 세워서 보면 농기구 '키箕'라고 봅니다.

---

90) 『선진화폐문자편』, 63쪽.
91) 출처: 〈고천원지〉.

87. ㄱ 혹은 낫

수사 과정 중에 첨수도 'ㄱ'을 찾았습니다. 농기구로는 '낫'이라 봅니다.

92)

88. 엷은 ㅂ

이 문자는 훈민정음에 나타나지 않지만, 아시아 소리 문자 다 들어 있는 엷은 ㅂ음가입니다. 훈민정음의 ㅸ 형태가 이 음가를 표현한다고 봅니다. 형태는 ㄥ입니다.

---

92) 출처: 〈고천원지〉.

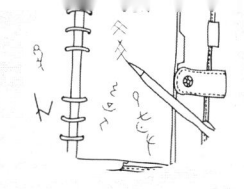

3부 고조선 문자 흐름도

5장... 고조선 문자 계통도

* 도표에 대한 설명

1. 이 도표는 수사를 완료한 후 고조선 문자 흐름도를 일목요연하게 정리한 것입니다.

2. 번호가 의미하는 바는 다음과 같습니다.

1	2	3	4	5	6
침수도	첨수도	고조선 칼돈	훈민정음과 조선시대 한글 자료	현대	여러 자료 비교

3. 설명 내용이 많은 경우 부여된 번호와 다릅니다.

고조선 문자 계통도-1(ㄱ)

1	2	3	4	5	6

1. 침수도: 『선진화폐문자편』 220쪽, 중국에서는 六 이라 주장.

2. 첨수도: 맨 위 『선진화폐문자편』 270쪽, 아래 2개 는 'civil' 님 자료.

3. 고조선칼돈(명도전): 고조선칼돈 문자 속의 'ㄱ' 추 출, 〈고천원지〉 사진자료(오른쪽 참조).

4. ㄱ.

5. ㄱ.

6. 아라가야 함안 토기문자.

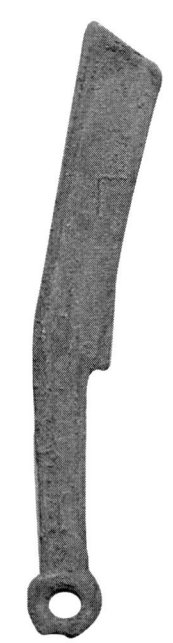

증거자료: ㄱ에 관한 고조선칼돈 사진자료[1]

---

1) 〈고천원지〉.

고조선 문자 계통도-2(갈대)

1	2	3	4	5	6
			'ᆯ	갈대	

1.

2. 2개 다 중국 〈고천원지〉 웹 사진자료. 왼쪽은 상형의 갈대 혹은 한자음 '노蘆'의 상형한자음 표현, 첨수도 갈대, 억새 문자 표현, 『선진화폐문자편』 274쪽.

3. 'civil' 님 자료.

4. 『훈민정음』 용자례用字例.

5. 갈대.

6.

증거자료 사진출처: 〈고천원지〉

고조선 문자 계통도-3(갈매기)

1	2	3	4	5	6
				갈매기	

1.

2. 『선진화폐문자편』 6쪽, 중국학자들은 王이라고 해석합니다. 그런데 맨 위 문자의 一을 물고기라고 생각해야 이 문장의 의미를 알 수 있습니다. 그리고 土는 '새'를 표현하는 문자입니다.

3. 'civil' 님 자료.

4. 『분류두공부시언해』.

5. 갈매기.

6. 울산 반구대 그림문자 중에서.

고조선 문자 계통도-4(개)

1	2	3	4	5	6
			가히	개	

1.

2. 『선진화폐문자편』 270쪽, 중국에서 해석 못 하는 문자입니다. 3개가 동일한 문자를 나타낼 수 있고, 혹은 '늑대', '이리', '기린' 등 개와 닮은 동물을 표현한다고 봅니다.

3. 'civil' 님 자료.

4. 가히: 『월인천강지곡』(1447).

5. 개.

6.

고조선 문자 계통도-5(개미)

1	2	3	4	5	6
｀	𠃌	갸·가 야: 야: 미 미	개 미		

1.

2. 'civil' 님 자료. 소리 문자로 한자음 [강]이라 해석할 수도 있습니다.

3. 『선진화폐문자편』 11쪽, 중국학자들은 연명도 문자라 하고 中이라 해석합니다.

4. 개야미: 『석보상절』, 가야미: 『월인천강지곡』.

5. 개미.

6.

고조선 문자 계통도-6(거미, 독거미줄)

1	2	3	4	5	6
			독거미줄	독거미줄	

1.

2.

3. 『선진화폐문자편』 75쪽, 중국학자들은 없는 한자를 만들어 해석했으나, 이는 '독거미줄'의 3가지 다른 형태의 문자로 봅니다. 그리고 〈고천원지〉 웹 사진자료가 있습니다. 중국학자들은 위 문자류를 모두 外라 주장합니다. 하지만 이는 그냥 한글입니다.

4. 독毒.
   거믜: 『구급방』, 줄: 『석보상절』.

5. 독거미줄.

6.

고조선 문자 계통도 7-(거울과 눈썹)

: 설명 내용이 많아 처음 제시된 번호에 상관없이 내용이 들어갑니다.

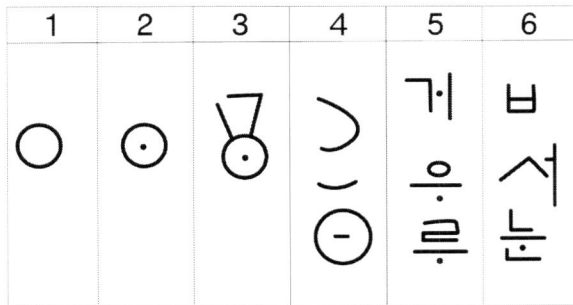

1. ㅇ는 소리 문자로 [오] 혹은 [우], 상형으로는 '해', '얼굴' 등과 같은 둥근 모양새.

2. ⊙은 소리 문자로 [오]나 [우]의 아래 소리, 상형으로는 눈으로 봅니다. 점을 [ㄹ]음가라고 보면 [울(타리)]이 되어 점을 중심으로 울타리를 친 모습입니다.

3. 첨수도 위의 문자로 '거울' 혹은 '눈썹'을 표현했다고 봅니다.

4. 고조선칼돈 위의 문자로 '거울' 혹은 '눈썹'을 표현했다고 봅니다.

5. 거우루: 『석보상절』.

6. 눈썹: 『석보상절』.

고조선 문자 계통도-8(거위)

1	2	3	4	5	6
	ㅍ	仌	깅읗	거위	

1.

2. 『선진화폐문자편』 271쪽, 중국학자들은 해석 못합니다.
   거위의 날개를 중점적으로 표현한 문자라고 봅니다.

3. 〈고천원지〉 사진자료입니다.

4. 『월인석보』.

5. 거위.

6.

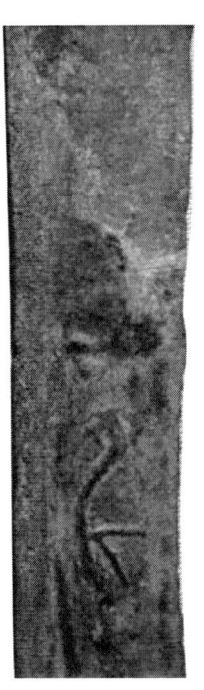

증거자료 사진출처: 〈고천원지〉

고조선 문자 계통도-9(고니)

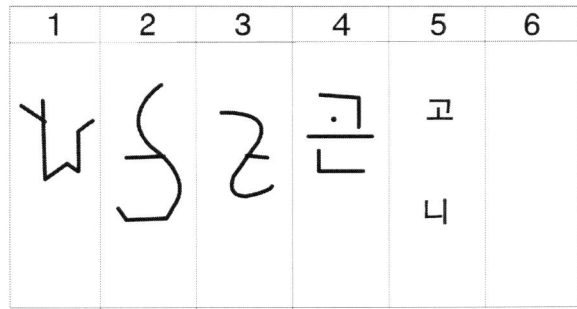

1. 『선진화폐문자편』271쪽, 중국학자들은 해석 못 합니다. 고니(백조)라고 해석해보는데, '너새'나 '공작새'일 가능성도 있습니다.

2. 〈고천원지〉 사진자료입니다.

3. 'civil' 님 자료입니다.

4. 『월인석보』.

5. 고니.

6.

고조선 문자 계통도-10(공)

1	2	3	4	5	6
	ㅗ·	공	공	공	

1.

2. 『선진화폐문자편』 275쪽, 중국학자들은 읽지 못 함. 공차는 모습으로 '공'과 '공차다'를 표현합니다.

3. 『선진화폐문자편』 290쪽, 중국학자들은 연명도 문자라고 주장하나 해석 못 함. 해석할 필요 없이 현 한글과 동일합니다. 다만 이 문자는 [공~]이란 장음을 표현합니다. ㄱ은 동서고금을 통해서 거의 모든 소리 문자에서 [ㄱ]입니다. 모음 부분인 ㅗ는 두 획 ㅗ[오~] 장음을 표현합니다. 아래 [받침 ㅇ]은 공의 모습으로 짚으로 만든 공이거나 바람을 불어 넣은 돼지오줌보 공을 표현합니다.

4. 공.

5. 공.

6.

고조선 문자 계통도-11(구리)

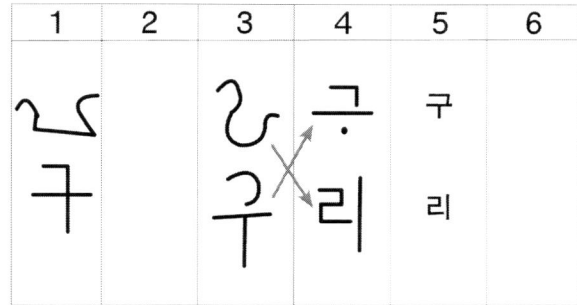

1. 〈고천원지〉 사진자료. '구부리다' 혹은 '청동그릇'으로도 볼 수 있습니다.

2.

3. 'civil' 님 자료 중.

4. 『훈민정음』 해례본 용자례.

5. 구리.

6.

고조선 문자 계통도-12(구유)

1	2	3	4	5	6
ᄼ구		ᄀ구∨	구ᆢ슈	구유	

1. 〈고천원지〉 사진자료. 처음에는 구리 혹은 그릇 일종으로만 보았으나, '구유'라고도 생각해 봅니다.

2.

3. 'civil' 님 자료 중.

4. 『신증유합』.

5. 구유.

6.

고조선 문자 계통도-13(귀뚜라미)

1	2	3	4	5	6
			귓돌의ᄆᆞ	귀뚜라미	

1.

2.

3. 『선진화폐문자편』 251쪽, 중국학자들은 연명도 문자라 하고 中行이라 해석합니다.

4. 『분류두공부시경언해』, 『능엄경언해』.

5. 귀뚜라미.

6.

고조선 문자 계통도-14(그림)

1	2	3	4	5	6
	※	ㅏ	그	그	ㅏ
	ㄹ	훔	림	림	ㅏ

1.

2. 그: 『선진화폐문자편』 45쪽, 중국학자들은 ㅏ이라 읽고 있으나, 이는 그림의 '그' 부분으로 '그' 문자 주변에 붓 칠을 한 느낌을 주어 '그림'임을 표현합니다.

   ㄹ: 『선진화폐문자편』 229쪽, 중국학자들은 근라 읽고 있으나, 이는 그림의 '림' 부분 중에 'ㄹ' 부분을 표현한 것입니다. 중국학자들은 당연히 그렇게 읽을 수밖에 없습니다.

   첨수도에 이렇게 따로 분리되어 있다가 고조선칼돈에서 완전한 낱말로 표현됩니다.

3. 『선진화폐문자편』 288쪽, 연나라 문자라고 하지만 해석 못 합니다.

4. 『석보상절』.

5. 그림.

6. 그: 『선진화폐문자편』 44쪽의 절묵법화節墨法貨 뒷면 문자, 중국학자들은 卜이라 읽고 있으나, 필자는 한글이라 봅니다. 절묵節墨의 절節은 절개와 의리의 나라 '고죽국'을, 묵墨은 묵태씨로 고죽국 왕실의 성씨입니다. 이는 고조선의 연방국 중의 하나인 고죽국孤竹國에서도 고조선 한글이 사용되고 있음을 보여준다 하겠습니다.

고조선 문자 계통도-15(글)

1	2	3	4	5	6
		ㄹ	? ㅣ	글	글

1.

2. 『선진화폐문자편』 229쪽, 중국학자들은 己라 읽고 있습니다. 중국학자들은 당연히 그렇게 읽을 수밖에 없습니다.

3. 'civil' 님 자료, 첨수도 ㄹ에서 붙어있던 받침 [ㄹ]인 ㅡ을 떼어내 세운 문자라고 봅니다.

4. 『용비어천가』.

5. 글.

6.

고조선 문자 계통도-16(길)

: 내용이 많은 도표이므로 주어진 번호와 상관없습니다.

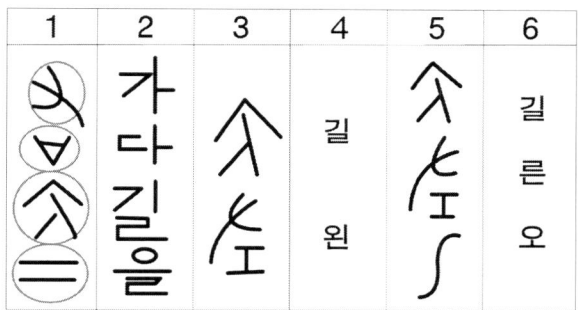

1~2. 중국에서 右内二라고 읽는 문자입니다. 이 문자도 해석하기가 어렵습니다.

이 문자의 '길'은 길을 걷는 모습을, 二는 [을]이란 목적격을 표현한다고 봅니다만, 그냥 '길'의 상형이라고도 볼 수 있습니다. 이는 더 연구해야 할 부분입니다.

위의 부분은 '가다'를 표현한 문자라고 봅니다.

3~6. '왼 길', '오른 길'로 읽은 문자들입니다.

도표자료 출처: <고천원지>

고조선 문자 계통도-17(깃)

1	2	3	4	5	6
				깃	

1.

2. 『선진화폐문자편』 274쪽, 중국학자들은 해석 못 합니다.

3. 'civil' 님 자료.

4. 짗: 『석보상절』, 『능엄경언해』, 『분류두공부시경언해』, 『번역박통사』, 『언해두창집요』.

5. 깃.

6.

고조선 문자 계통도-18(깃: 둥지)

1	2	3	4	5	6
	吉	衆	깃	새집	

1.

2. 『선진화폐문자편』 27쪽, 중국학자들은 吉로 해석합니다. 둥근 부분이 '새'를 표현한 土입니다. 새의 날개가 보입니다.

3. 〈고천원지〉 사진자료, 어미새가 새끼새에게 먹이를 주는 모습을 표현하고 있습니다.

4. 『훈민정음』 해례본 용자례用字例, 깃 소巢로서 주로 새집을 의미합니다.

5. 새집(둥지).

6.

증거자료 사진출처: 〈고천원지〉

고조선 문자 계통도-19(까마귀)

1	2	3	4	5	6
	초	ろく゛	가· 마· 괴。	까 마 귀 오	

1.

2. 『선진화폐문자편』 6쪽, 중국학자들은 王이라고 해석합니다. 까마귀가 어미새에게 먹이를 날라다 주는 모습입니다.

3. 'civil' 님 자료, 점은 [오] 한자음을 표현한 듯이 보입니다.

4. 『용비어천가』.

5. 까마귀.

6.

고조선 문자 계통도-20(까치)

1	2	3	4	5	6
	王	ㄷ	가·	까	
		우	치	치	

1.

2. 『선진화폐문자편』 6쪽, 중국학자들은 王이라고 해석합니다. 처음에는 둥지라고 해석했는데, 지금은 '까치'라고 해석합니다.

3. 'civil' 님 자료.

4. 『용비어천가』.

5. 까치.

6.

고조선 문자 계통도-21(꽃)

1	2	3	4	5	6
	⇊	⇊	곳	꽃	

1.

2. 『선진화폐문자편』 219쪽, 중국학자들은 六이
   라 해석, 〈고천원지〉 사진자료.

3. 〈고천원지〉 웹 사진.

4. 『용비어천가』.

5. 꽃.

6.

증거자료 사진출처: 〈고천원지〉

고조선 문자 계통도-22(꿩)

1	2	3	4	5	6
		웃	숭|	꿩	

1.

2.

3. 『선진화폐문자편』 305쪽, 중국학자들은 읽지 못합니다.

4. 『용비어천가』.

5. 꿩.

6.

고조선 문자 계통도-23(ㄴ)

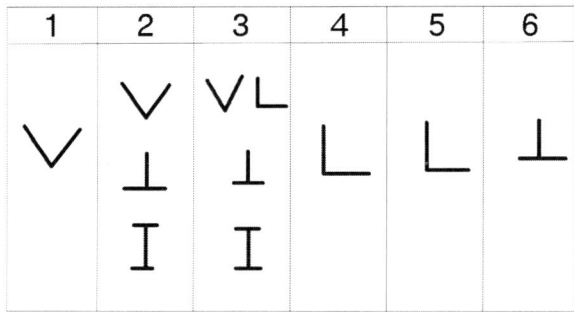

1. 『선진화폐문자편』 220쪽, 중국학자들은 六이라 주장합니다.

2. V, ㅗ(혹은 ㅜ), 工는 첨수도 자료에서 추출, 모두 [ㄴ]음가들로 판단합니다.
『선진화폐연구』 281쪽에는 ㄴ의 반대 방향으로도 문자를 사용하고 있습니다.

3. V, ㅗ(혹은 ㅜ), 工는 고조선칼돈 자료에서 추출, 모두 [ㄴ]음가들로 판단합니다.
V는 ㄴ 형태로 나타납니다.

4. 세종께서는 3개 중 ㄴ만 채택하셨습니다.

5. ㄴ.

6. 함안 아라가야 토기 문자.

고조선 문자 계통도-24(나무)

1	2	3	4	5	6
⽊	⽊		나· 모	나 무	

1. 『선진화폐문자편』 272쪽, 중국에서 해석하지 못 함.

2. 'civil' 님 첨수도 자료와 〈고천원지〉 사진자료.

3. 여러 나무 종류 문자가 있으나, '나무' 총칭에 해당하는 단어는 계속 찾고 있는 중입니다.
   2의 문자를 계속 사용했을 수도 있습니다.

4. 나모: 『용비어천가』, 『석보상절』, 『월인석보』.

5. 나무.

6.

고조선 문자 계통도-25(나비)

1	2	3	4	5	6
	外外	兟	나·나 비비	나 비	

1.

2. 『선진화폐문자편』 232쪽, 중국학자들은 卯라고 해석합니다. 중국학자들 입장에서는 그럴 수밖에 없습니다. 그리고 〈고천원지〉 웹 사진에도 있습니다. 많이 고민했는데 이 문자를 '나비'로 해석합니다. 소리 문자일 가능성도 있을 수 있습니다.

3. 『선진화폐문자편』 251쪽, 중국학자들은 연명도 문자라 하고 中行이라 해석합니다.

4. 왼쪽 문자: 『능엄경언해』, 오른쪽 문자: 『분류두공부시경언해』.

5. 나비.

6.

고조선 문자 계통도-26(나팔꽃)

: 내용 설명이 많아 부여된 번호와 달리 설명합니다.

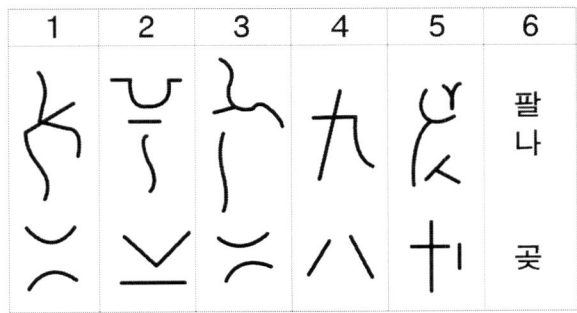

1. 『선진화폐연구』 262쪽, 중국학자들은 八九라고 읽고 있습니다. 그러나 八이란 문자를 방향 전환해서 적을 리도 없습니다.

2. 이 문자는 V[ㄴ], ㅡ은 [아]입니다. 위 문자는 [팔]입니다. ∫는 [ㄹ]발음 음가입니다.

3. 최근 〈고천원지〉 사진에서 나온 첨수도 문자입니다.

4. 중국학자들이 八九라고 읽고 있습니다.

5. 'civil' 님 자료.

6. 나팔꽃.

고조선 문자 계통도-27(낚시)

1	2	3	4	5	6
↓↓ ↑↑		ʃт ʃʃ	니· ᄀㅅ	낚 시	

1. 『선진화폐연구』 32쪽, 중국학자들은 行이라 읽습니다.

2.

3. 'civil' 님 자료.

4. 『훈민정음』 해례본 합자해.

5. 낚시.

6.

고조선 문자 계통도-28(날개)

1	2	3	4	5	6
		쥬	눌눌	날	
		도	애개	개	
				익	

1.

2. 『선진화폐문자편』 274쪽, 중국학자들은 해석 못합니다.

3. 위 문자: 『선진화폐문자편』 251쪽, 중국학자들은 연명도 문자라고 하며 工行으로 해석합니다.
   아래 문자: 『선진화폐문자편』 291쪽, 중국학자들은 연명도 문자라고 하나 해석 못합니다. 이 문자는 [익翼]이란 한자음으로 봅니다. 두 문자는 따로 있습니다.

4. 날애: 『월인석보』, 『신증유합』.
   날개: 『월인석보』, 『분류두공부시경언해』, 『번역소학』.

5. 날개 익.

6.

고조선 문자 계통도-30(노루, 순록)

1	2	3	4	5	6
			노로	노루	
			순록	순록	

1.

2.

3. 위 문자: 『선진화폐문자편』 313쪽, 중국학자들은 제명도 문자라 하나 해석 못합니다. 노루의 뿔을 표현했다고 보며, 소리 문자로는 [또]라고 해석할 수도 있습니다.
아래 문자: 〈고천원지〉 웹 사진.

4. 노로: 『훈민정음』 해례본 용자례用字例.
순록 혹은 기린.

5. 노루, 순록.

6.

고조선 문자 계통도-31(누에)

1	2	3	4	5	6
			느에	누 에	

1.

2. 『선진화폐문자편』 1쪽, 중국학자들은 一로 해석하지만, 자세히 보면 누에(벌레) 다리가 보입니다.
   아래 문자는 'civil' 님 자료에 나온 문자인데, 상형으로 누에라고 볼 수 있습니다. 혹은 점 4개는 [이~]장음이고 一은 [ㄹ] 받침으로 생각해 봅니다. 그래서 [일~]이란 한자음 표기라고도 생각해 봅니다.

3. 'civil' 님 자료.

4. 『훈민정음』 해례본 용자례用字例.

5. 누에.

6.

고조선 문자 계통도-32(ㄷ)

1	2	3	4	5	6
		ㄷ ㄱ	ㄷ	ㄷ	

1.

2.

3. C는 고조선칼돈 위의 문자에서 추출, ㄱ은 'civil' 님 자료.

4. 훈민정음 ㄷ.

5. ㄷ.

6.

고조선 문자 계통도-33(닥종이)

1	2	3	4	5	6
		ㅁㅏㅈㅗ	닥·죠·히	닥종이	

1.

2.

3. 'civil' 님 자료.

4. 닥: 『훈민정음』 해례본 용자례用字例.
   종이: 『훈민정음』 해례본 용자례用字例.

5. 닥종이.

6.

이 사진은 〈고천원지〉에서 나온 사진인데, 위 'civil' 님 자료의 '닥종이'와 같은 의미이면서 철자가 조금 다른 모습의 문자라고 보겠습니다. 즉 '닥' 부분의 ㄱ음가에 해당하는 ≈은 종이의 옆면 결을 표현하고, 아래 △은 붓의 뾰족한 부분을 표현하고 있다 봅니다.

증거자료 사진출처: 〈고천원지〉

고조선 문자 계통도-34(달)

1	2	3	4	5	6
	).	⊂ ȣ	둘	달 월	

1.

2. 〈고천원지〉 웹 사진.

3. 〈고천원지〉 웹 사진.

4. 『훈민정음』 해례본 용자례用字例.

5. 달 월.

6.

고조선 문자 계통도-35(달걀: 닭알)

1	2	3	4	5	6
				닭 알	

1.

2. 위는 'civil' 님 자료입니다. '닭'의 눈을 중점적으로 표현했다고 봅니다. 아래 문자도 'civil' 님 자료에 나오며 『선진화폐문자편』과 〈고천원지〉 사진자료에도 나옵니다.

3. 〈고천원지〉 사진자료.

4. 훈민정음에는 '닭때酉時'로서 받침이 'ㄹㄱㅅ'으로 표현되었습니다. 닭은 『월인석보』에 'ㄹㄱ'으로 되어 있고, 알은 『석보상절』에 받침 'ㄹㆆ'으로 되어 있습니다.

5. 달걀(닭알).

6.

고조선 문자 계통도-36(돈)

1	2	3	4	5	6
		ㄷ ㅗ	돈	돈	

1.

2. 〈고천원지〉 사진.

3. 'civil' 님 자료 중.

4. 『석보상절』.

5. 돈.

6.

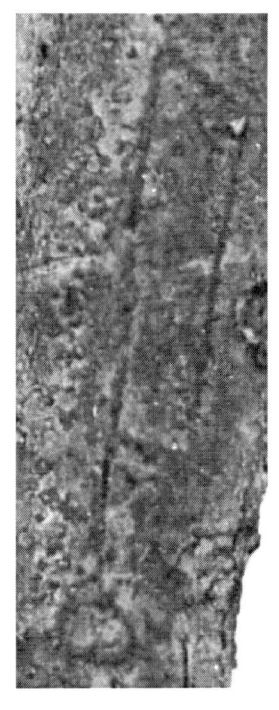

증거자료 사진출처: 〈고천원지〉

5장 고조선 문자 계통도

고조선 문자 계통도-37(두레박)

1	2	3	4	5	6
	占	ᒐᄋ ᄂᄋ	드레	두레박	

1.

2. 'civil' 님 자료, 한자로 占이라 판단하기 쉽지만, 이는 '두레박'을 상형으로 표현한 문자라고 봅니다.

3. 〈고천원지〉 웹 사진자료, 맨 아래 문자는 '두레박'을 상형한 문자라고 봅니다.

4. 드레: 『훈민정음』 해례본 용자례用字例.

5. 두레박.

6.

고조선 문자 계통도-38(두루미)

1	2	3	4	5	6
			두루미 한새	두루미 한새	

1.

2.

3. 위 문자:『선진화폐문자편』305쪽, 중국학자들은 제명도 문자라고 하지만 해석 못합니다. 보시다시피 두루미를 그린 문자입니다.
   아래 문자: 'civil'님 자료 중에서, 학鶴이란 한자음으로 볼 수 있고, 한새(황새)를 표현한 문자라고도 봅니다.

4. 두루미:『월인석보』, 한새:『훈몽자회』.

5. 두루미, 황새.

6.

고조선 문자 계통도-39(따비 혹은 쟁기)

1	2	3	4	5	6
		ᄉ̇	싸·	따	
		太	보	비	

1.

2.

3. 〈고천원지〉 사진자료.

4. 싸보: 『훈몽자회』.

5. 따비.

6.

증거자료 사진출처: 〈고천원지〉

고조선 문자 계통도-40(떡방아)

1	2	3	4	5	6
	人	人	ᄉᄃᆡᆨ 방· 아	떡 방 아	

1.

2. 'civil' 님 자료.

3. 'civil' 님 자료.
   위 문자는 디딜방아로 '떡'을 만드는 모습이고, 아래는 디딜방아를 표현합니다.

4. 떡: 『월인석보』, 『분류두공부시경언해』, 『번역노걸대』, 『훈몽자회』.
   방아: 『석보상절』.

5. 떡 방아.

6.

고조선 문자 계통도-41(ㄹ)

1	2	3	4	5	6
	ㅡ / S	ㅣ / S	ㄹ	ㄹ	

1.

2. ㅡ 혹은 S, 첨수도 문자에서 추출.

3. ㅣ 혹은 S는 [ㄹ]음가입니다. S는 고조선 문자 [ㄹ]의 S에서 출발해서 인도 브라미 문자에서 그대로 음가가 나타났다가, 현 영어에서 [ㅅ]음가로 나타납니다. 첨수도 ㅡ이 [ㄹ] 발음으로 표현되었다가 모음과 구별 안 되어 불편해서 S로 변화된 것으로 보입니다.

4. 훈민정음 ㄹ.

5. ㄹ.

6.

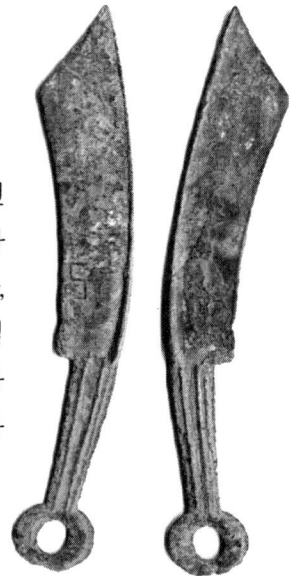

증거자료 사진출처: <고천원지>

고조선 문자 계통도-42(룡 미르)

1	2	3	4	5	6
			룡 미 르	용 미 르	

1.

2. 『선진화폐문자편』 277쪽, 중국학자들은 읽지 못 함.

3. 'civil' 님 자료.

4. 룡 미르: 『훈몽자회』, 『백련초해』, 『석봉천자문』.

5. 용 미르.

6.

고조선 문자 계통도-43(ㅁ)

1	2	3	4	5	6

1.

2. ㅁ 모양새가 『선진화폐문자편』과 'civil' 님의 자료에는 있으나, [ㅁ]음가에 특정하여 사용한 경우는 거의 없습니다. 물고기가 [ㅁ]음가를 표현했다고 봅니다. 상형 물고기와 겹치므로 더 연구 해야할 부분입니다.

3. 물고기를 [ㅁ]음가의 대표로 하였는데, 차츰 두 줄 부분이 휘어집 니다. 중국에서는 中이라 해석하는 단어들입니다.

4. ㅁ.

5. ㅁ.

6.

고조선 문자 계통도-44(마구)

1	2	3	4	5	6
	千	占 千	마· 구	마 구	

1.

2. 첨수도: 〈고천원지〉.
   이 문자도 한자로 千이라
   읽기 쉽지만, 이는 [구]라는
   한자음입니다.

3. 'civil' 님 자료.

4. 마구馬具.

5. 마구.

6.

증거자료 사진출처: 〈고천원지〉

고조선 문자 계통도-45(말)

1	2	3	4	5	6
				말	

1.

2. 『선진화폐문자편』 274쪽, 중국에서 해석 못 하는 문자입니다. 一은 [ㄹ] 받침.

3. 위: 'civil' 님 자료, 아래: 『선진화폐문자편』 252쪽, 아래 문자는 '마차馬車'의 우리 한자음 표기라고 생각하는데, 그냥 상형으로 '말'을 그린 문자라고 볼 수도 있습니다.

4. 『용비어천가』.

5. 말.

6.

고조선 문자 계통도-46(매)

1	2	3	4	5	6
	☗	𠮷	매	매	

1.

2. 『선진화폐문자편』 150쪽, 중국학자들은 文이라 해석하고 있습니다.

3. 『선진화폐문자편』 303쪽, 중국학자들은 연명도 문자라고 하나 해석 못 합니다.

4. 『월인석보』.

5. 매.

6.

고조선 문자 계통도-47(매 발톱)

1	2	3	4	5	6
	↕ (원 안)		매 발 톱	매 발 톱	

1.

2. 원 안의 부분이 작은 새로서, 매 발톱에 잡힌 작은 새를 표현하고, 매사냥이라 볼 수도 있습니다.
  『선진화폐문자편』 232쪽, 중국학자들은 누라 주장합니다.

3.

4.

5. 매 발톱.

6.

고조선 문자 계통도-48(매 부리)

1	2	3	4	5	6
	ヨ	⇒	매 부 리	매 부 리	

1.

2. 『선진화폐문자편』 274쪽, 중국학자들은 해석 못 합니다.

3. 『선진화폐문자편』 286쪽, 중국학자들은 연명도 문자라고 하나 해석 못 합니다.

4.

5. 매 부리.

6.

고조선 문자 계통도-49(모기)

1	2	3	4	5	6
	ㅕ	(그림)	무기	모기	

1.

2. 'civil' 님 자료.

3. 『선진화폐문자편』 251쪽, 중국학자들은 연명도 문자라 하고 中 行이라 해석합니다.

4. 『석보상절』, 『능엄경언해』.

5. 모기.

6.

고조선 문자 계통도-50(못)

1	2	3	4	5	6
	ㅈ	8ㅣθ0	믇	못	

1.

2. 〈고천원지〉 사진, 『선진화폐문자편』 270쪽.

3. 'civil' 님 자료.

4. 『훈민정음』 합자해合字解.

5. 못.

6.

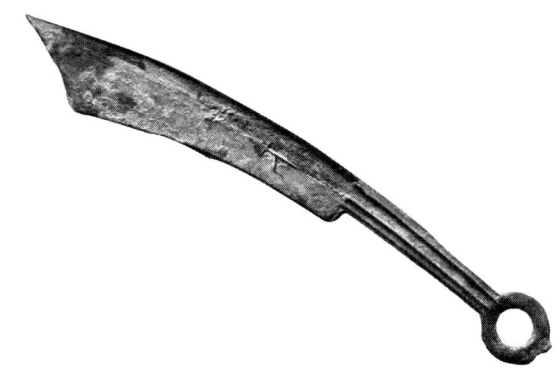

증거자료 사진출처: 〈고천원지〉

고조선 문자 계통도-51(물고기 어)

1	2	3	4	5	6
	🐟	아 쫑	어 믈 고 기	어 물 고 기	

1.

2. 『선진화폐문자편』 176쪽에 魚로 해석하는 비슷한 문자 9개 문자가 있습니다. 〈고천원지〉 웹 사진자료가 있습니다.

3. 『선진화폐문자편』 75쪽에 아래 문자는 이상한 한자에 배당하고, 위 문자는 쌰라 해석합니다.

4. 어, 믈: 『훈민정음』 해례본 용자례用字例.
   고기: 『석보상절』.

5. 어, 물고기.

6.

증거자료 사진출처: 〈고천원지〉

고조선 문자 계통도-52(ㅂ)

1	2	3	4	5	6
	ㄖ	ㄖ	븅	ㅂ	

1.

2. ㄖ, 〈고천원지〉 사진자료에서 2개나 찾았습니다. U는 [ㅎ]음가 중 하나일 가능성도 있습니다.

3. ㄖ, 고조선칼돈 문자 중에서 추출한 문자입니다.

4. 븅.

5. 엷은 ㅂ이지만, 편의상 [ㅂ]음가라고 하겠습니다.

6.

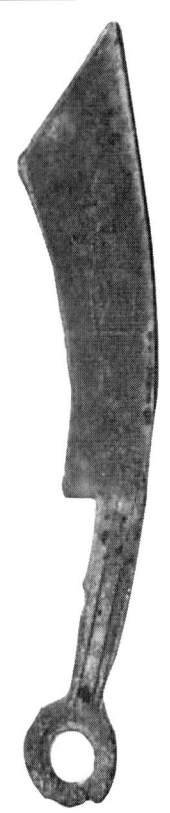

증거자료 사진출처: 〈고천원지〉

고조선 문자 계통도-53(바구니)

1	2	3	4	5	6
		웅	바·고·니	바구니	

1.

2.

3. 〈고천원지〉.

4. 바고니: 『내훈』.

5. 바구니.

6.

고조선 문자 계통도-54(바다)

1	2	3	4	5	6
		ㅇ ᄋᆞ ∽	ㅎ ㅂㆍ ㄷㆍ	해 바 다	바 롤

1.

2.

3. 'civil' 님 자료.

4. 바닿:『월인석보』, 맨 위 문자를 [받침 ㅎ]음가로 본 경우입니다.

5. 바다 해, 맨 위 문자를 한자음 [해]음가로 본 경우입니다.

6. 『용비어천가』.

고조선 문자 계통도-55(밥)

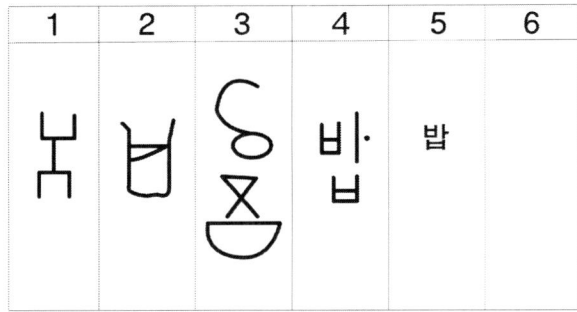

1. 『선진화폐문자편』 278쪽, 중국학자들은 해석 못 함.

2. 『선진화폐문자편』 277쪽, 중국학자들은 해석 못 함.

3. 〈고천원지〉 웹 사진.

4. 『훈민정음』 해례본 용자례用字例.

5. 밥.

6.

고조선 문자 계통도-56(밥 숟가락)

1	2	3	4	5	6
	♀	⊖	숟가락	숟가락	

1.

2. 『선진화폐문자편』 232쪽.

3. 〈고천원지〉 웹 사진, 밥과 같이 있음.

4. 어원: 술 + ㅅ + 가락.

5. 숟가락.

6.

고조선 문자 계통도-57(배)

1	2	3	4	5	6
	노	⟨⟩	비	배	

1.

2. 〈고천원지〉 웹 사진.

3. 'civil' 님 자료.

4. 『용비어천가』.

5. 배.

6.

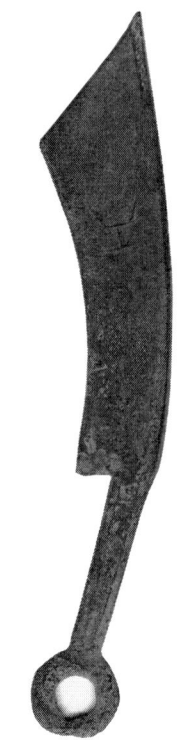

증거자료 사진출처: 〈고천원지〉

고조선 문자 계통도-58(뱀)

1	2	3	4	5	6
ᑎ~	～	⸝	브얌	뱀	ᶜᵐ

1. 『선진화폐문자편』271쪽, 낙타 등이라고도 생각해 봅니다만, 여기서는 '뱀'이라 해석해 둡니다.

2. 'civil' 님 자료.

3. 『선진화폐문자편』305쪽, 중국학자들은 제명도 문자라고 하나 읽지 못 함.

4. 『훈민정음』 해례본 용자례用字例.

5. 뱀.

6. 함안 우거리 문자에도 '뱀'이 보입니다. 소리 음가로는 [ㄹ]이라 보고, 상형으로는 뱀입니다.

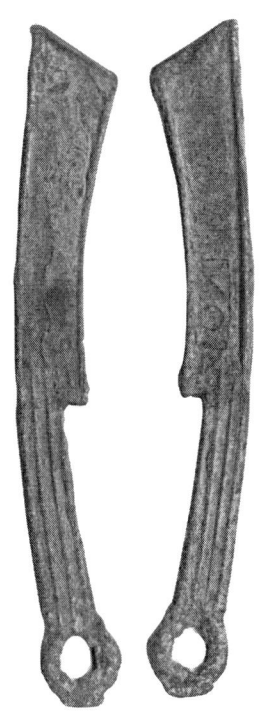

증거자료 사진출처: <고천원지>

고조선 문자 계통도-59(버들)

1	2	3	4	5	6
	ʃ	ʃᴄ	버들	버들	

1.

2. 『선진화폐문자편』 273쪽, 중국학자들은 해석 못 합니다. 〈고천원지〉에서 사진자료도 나왔습니다.

3. 'civil' 님 자료 중.

4. 『훈민정음』 해례본 용자례用字例.

5. 버들.

6.

고조선 문자 계통도-60(버선 말)

1	2	3	4	5	6
		지쵸	말·보선	말버선	外虍* 外

2.

3. 위 문자: 〈고천원지〉 사진 속 문자. 중국학자들은 6에 있는 外로 해석합니다.
   중간 문자: 『선진화폐문자편』 75쪽, 중국학자들은 6에 있는 알 수 없는 문자로 해석합니다.
   맨 아래 문자: 『선진화폐문자편』 121쪽, 중국학자들은 6에 있는 外로 해석합니다.

4. 『내훈』.

5. 말, 버선.

6. 중국학자들의 해석.

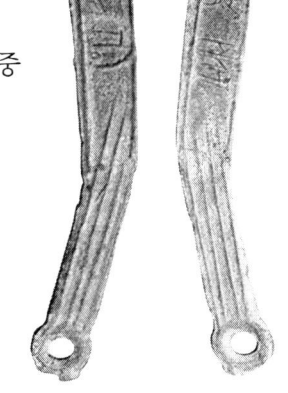

증거자료 사진출처: 〈고천원지〉

5장 고조선 문자 계통도 **175**

고조선 문자 계통도-61(범 호)

1	2	3	4	5	6
¥	王刀	(그림)	범호	범 호	

1. 『선진화폐문자편』 271쪽, 중국학자들은 해석 못 합니다. 나무의 종류라고도 볼 수 있으나, 호랑이 머리 부분을 표현한 '범', '호랑이'라고 봅니다.

2. 『선진화폐연구』 263쪽, 중국학자들은 王刀라고 해석합니다.

3. 'civil' 님 자료.

4. 『훈민정음』 해례본 용-자례用字例.

5. 범 호虎.

6.

고조선 문자 계통도-62(벼)

1	2	3	4	5	6
	↓	↓	비	벼	

1.

2. 〈고천원지〉 웹 사진.

3. 두 곳에 나옴. 〈고천원지〉 웹 사진과 『선진화폐문자편』 316쪽. 중국학자들이 해석 못 하고 제명도 문자라고 함.

4. 『훈민정음』 해례본 용자례用字例.

5. 벼.

6.

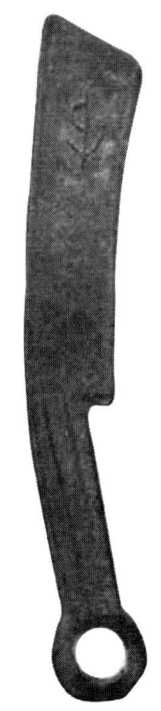

증거자료 사진출처: 〈고천원지〉

고조선 문자 계통도-63(벼루)

1	2	3	4	5	6
	⋈	ㅎ̇	먹 벼 로	먹 벼 루	

1.

2. 'civil' 님 자료, '벼루'라고 해석했으나, '베'로 읽을 여지도 있습니다.

3. 『선진화폐문자편』 310쪽.

4. 먹: 『능엄경언해』.
   벼로: 『훈민정음』 해례본 용자례用字例.

5. 먹 벼루.

6.

고조선 문자 계통도-64(별)

1	2	3	4	5	6
	☆	ᄒ	별	별	

1.

2. 'civil' 님 자료.

3. 'civil' 님 자료.

4. 『훈민정음』 해례본 용자례用字例.

5. 별.

6.

증거자료 사진출처: <고천원지>

고조선 문자 계통도-65(별자리)

1	2	3	4	5	6
	∴∴ ∴∴	△	별: 지· 리	별 자 리	

1.

2. 'civil' 님 자료와 〈고천원지〉 웹 사진. 다양한 점들이 보이는데, 소리 문자로는 모음의 개수를 표현하고, 기호로는 성조聲調를 표현하고, 상형으로는 하늘의 눈, 육지의 모래, 동식물의 알이나 씨앗을 표현한다고 봅니다.

3. 『선진화폐문자편』 318쪽, 중국학자들은 제명도 문자라고 주장하나 해석 못 함.

4. 자리: 『월인천강지곡』.

5. 별자리.

6.

고조선 문자 계통도-66(병아리)

1	2	3	4	5	6
			비욱	병아리	

1.

2.

3. 『선진화폐문자편』 304쪽, 중국학자들은 제명도 문자라고 하나 읽지 못 함.

4. 『훈민정음』 해례본 용자례用字例.

5. 병아리.

6.

고조선 문자 계통도-67(봉)

1	2	3	4	5	6
	ψ(점)	〔그림〕	봉	봉	

1.

2. 『선진화폐문자편』 92쪽, 중국학자들은 生으로 읽음. 이는 봉鳳 외에 새가 나는 의성어 소리 문자 [붕]으로 읽을 수도 있음.

3. 〈고천원지〉 웹 자료. 약간 불확실한 면이 있습니다만 일단 '봉鳳'이라 읽어 둡니다.

4.

5. 봉.

6.

고조선 문자 계통도-68(부리)

1	2	3	4	5	6
				브리	부리

1.

2. 『선진화폐문자편』 277쪽, 중국학자들은 해석 못 합니다.

3. 『선진화폐문자편』 289쪽, 중국학자들은 연명도 문자라고 하나 읽지 못 함.

4. 부리: 『월인석보』.
   부우리: 『분류두공부시경언해』.

5. 부리.

6.

고조선 문자 계통도-69(부엉이)

1	2	3	4	5	6
			부·헝	부엉이	

1.

2.

3. 『선진화폐문자편』 304쪽, 부엉이의 상형 그림이라고 봅니다. 아래 문자는 〈고천원지〉 사진 속의 자료인데 아래서 위로 읽습니다. 소리 문자를 상형으로 만든 문자인데, 위는 부엉이 얼굴, 아래는 나무라고 봅니다.

4. 『훈민정음』 해례본 용자례用字例.

5. 부엉이.

6.

증거자료 사진출처: 〈고천원지〉

고조선 문자 계통도-70(붓)

1	2	3	4	5	6
ᅷᅩ	숟	ᄋ	붇	붓	

1. 『선진화폐문자편』 278쪽, 중국학자들은 읽지 못 함.

2. 'civil' 님 자료.

3. 'civil' 님 자료.

4. 『훈민정음』 해례본 합자해合字解.

5. 붓.

6.

고조선 문자 계통도-71(비둘기)

1	2	3	4	5	6
			비두리	비둘기	

1.

2. 『선진화폐문자편』 13쪽, 중국학자들은 中으로 해석합니다.

3. 'civil' 님 자료입니다. 처음에는 '고니(곤)'라 읽었는데, 지금은 '비두리'라 읽어 봅니다.

4. 『월인석보』.

5. 비둘기.

6.

고조선 문자 계통도-72(빨랫줄)

1	2	3	4	5	6
		山亼仝	빨래줄	빨래줄	

1.

2.

3. 〈고천원지〉 사진.

4. 줄: 『석보상절』.

5. 빨랫줄.

6.

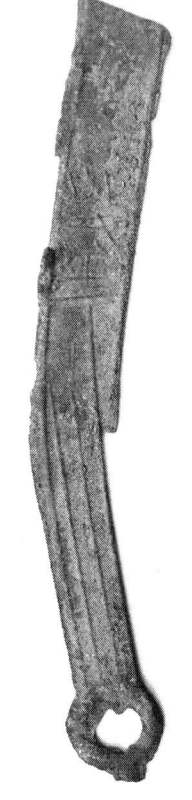

증거자료 사진출처: 〈고천원지〉

고조선 문자 계통도-73(뿌리)

1	2	3	4	5	6
朩	朩	블휘	뿌리		

1.

2. 『선진화폐연구』 264쪽 9번 자료입니다. 다시 자세히 보니 下 앞에 /이 있어 나무가 땅 아래로 '뿔'이 나서 '휘'어진 모습을 잘 나타낸다고 봅니다.

3. 『선진화폐문자편』 305쪽, 중국에서 제명도라고 하는 문자입니다. 사진도 〈고천원지〉 중국 웹에 있습니다.

4. 『용비어천가』, 『월인석보』, 『월인천강지곡』.

5. 뿌리.

6.

고조선 문자 계통도-74(ㅅ)

1	2	3	4	5	6
∧	∧	∧	∧	∧	

1. 〈고천원지〉 사진자료 중.

2. 'civil' 님 자료.

3. 'civil' 님 자료에서 추출한 [ㅅ]음가입니다.

4. 『훈민정음』 ∧.

5. ㅅ.

6.

증거자료 사진출처: 〈고천원지〉

고조선 문자 계통도-75(사슴)

1	2	3	4	5	6
	荒荒	ㅎㄷ	시· 슴	사 슴	

1.

2. 『선진화폐문자편』 265쪽.

3. 'civil' 님 자료.

4. 『훈민정음』 해례본 용자례用字例.

5. 사슴.

6.

고조선 문자 계통도-76(사자)

1	2	3	4	5	6
				사자	

1.

2. 『선진화폐연구』 255쪽과 98쪽, 非에 邑 부수를 붙인 문자로 해석.

3. 'civil' 님 자료 중.

4. 『번역박통사』, 『훈몽자회』.

5. 사자.

6.

고조선 문자 계통도-77(상투)

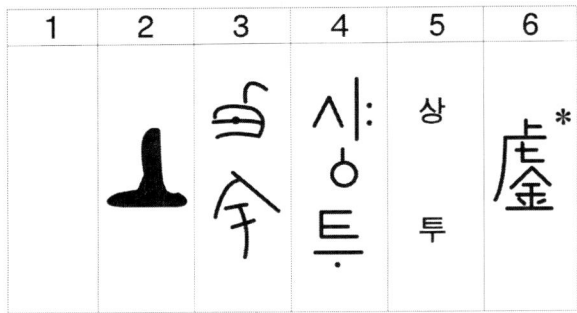

1.

2. 『선진화폐문자편』 235쪽, 중국학자들은 十一이라 해석합니다.

3. 『선진화폐문자편』 75쪽, 중국학자들은 6번 항목의 알 수 없는 한자에 배당하고 있습니다.

4. 『훈몽자회』.

5. 상투.

6.

고조선 문자 계통도-78(새)

1	2	3	4	5	6
	※ ※	ξ ▽	시	새	

1.

2. 〈고천원지〉 사진. 위는 농기구 '키', 옆으로 돌린 문자는 '새'라고 봅니다.

3. 〈고천원지〉 사진.

4.

5. 새.

6.

증거자료 사진출처: 〈고천원지〉

고조선 문자 계통도-79(새우)

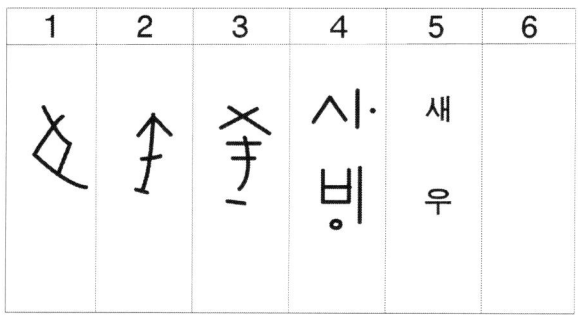

1. 『선진화폐문자편』 271쪽.

2. 『선진화폐문자편』 232쪽, 중국학자들은 누라 해석.

3. 『선진화폐문자편』 290쪽, 중국학자들은 연명도라 주장하나 해석 못 함.

4. 『훈민정음』 용자례用字例, 훈민정음을 통해서 바로 위 3의 고조선 문자를 해석함.

5. 새우.

6.

고조선 문자 계통도-80(섶나무)

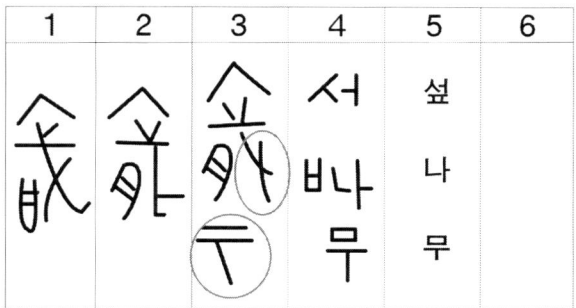

1. 'civil' 님 자료.

2. 〈고천원지〉 사진, 섶나(무).

3. 〈고천원지〉 사진, 섶나무의 완전 필체, 나무의 ㅁ이 ㅡ로 표현되어 있습니다.

4~5. 섶나무.
   이 문자는 '조개' 또는 '소나무'와 비교 구별해야 할 점이 남아 있습니다.

6.

고조선 문자 계통도-81(소, 황소)

1	2	3	4	5	6
ᄽ	茟	ᄎᄋᆞᆺ소	한·쇼	황소	

1. 『선진화폐문자편』 271쪽.

2. 〈고천원지〉 사진, 일부 중국학자들은 한자로 한(韓)이라 해석하거나 혹은 다수 중국학자들은 해석하지 못 함.

3. 'civil' 님 자료, '한 소' 혹은 '한 소 멍에'를 적으신 듯합니다. 혹은 '한 소'의 상형문자, 그 아래 [쇼]란 소리 문자의 표기일 수 있습니다.

4. 『훈민정음』 '쇼', 『용비어천가』 '한쇼'.

5. 황소.

6.

고조선 문자 계통도-82(솔)

1	2	3	4	5	6
			슬	솔	

1.

2. 〈고천원지〉 사진자료.

3. 'civil'님 자료(원 자료 〈고천원지〉).

4. 『월인석보』.

5. 솔.

6.

고조선 문자 계통도-83(쌀)

1	2	3	4	5	6
ㅋ	〈	밽	쌀		

1.

2. 〈고천원지〉 웹 사진.

3. 'civil' 님 자료.

4. 『석보상절』, 『분류두공부시경언해』, 『번역소학』.
   ㅄ으로 가을걷이를 한 벼를 표현하고, 점은 쌀알입니다. /은 받침 [ㄹ]발음 표시입니다. 이 쌀알은 첨수도, 고조선칼돈 문자를 거쳐 훈민정음까지 이어져 왔습니다.

5. 쌀.

6.

고조선 문자 계통도-84(썰매)

1	2	3	4	5	6
		마 욜	싈 미·	썰 매	外 虍*

1.

2.

3. 위 문자: 『선진화폐문자편』 121쪽, 중국학자들은 6에 있는 쌰로 해석합니다.
   아래 문자: 『선진화폐문자편』 75쪽, 중국학자들은 6에 있는 알 수 없는 문자로 해석합니다.

4. 『한청문감』.

5. 썰매.

6.

고조선 문자 계통도-85(씨앗)

1	2	3	4	5	6
	Y	ㄚ	벗앗	씨앗	

1.

2. 『선진화폐문자편』 275쪽에 있습니다만, 중국학자들은 해석 못 합니다.

3. 『선진화폐문자편』 279쪽, 중국학자들은 해석 못 하고 제명도 문자라고 합니다.

4. 『월인석보』.

5. 씨앗.

6.

고조선 문자 계통도-86(ㅇ)

1	2	3	4	5	6
		○	○	○	

1.

2.

3. 〈고천원지〉 사진자료.

4. ㅇ.

5. ㅇ.

6.

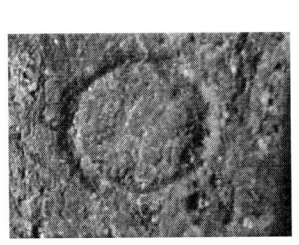

증거자료 사진출처: 〈고천원지〉

고조선 문자 계통도-87(아지랑이)

1	2	3	4	5	6
		﹙ﾞ﹚	아지랑이	아지랑이	

1.

2.

3. 〈고천원지〉 사진자료.

4.

5. 아지랑이.

6.

고조선 문자 계통도-88(연)

1	2	3	4	5	6
			연ː	연	

1.

2. 최근 〈고천원지〉 사진 속의 연날리기에서 나온 2개의 다른 문자 모습입니다. '연'이라 해석했습니다.

3. 'civil' 님 자료 중 둥근 원 안이 '연날리기' 중의 '연'입니다.

4. 연鳶.

5.

6.

고조선 문자 계통도-89(열매 혹은 ㅇ)

1	2	3	4	5	6
	6	ⅱ ㅇ ⅰ	여ː 름 열 미 ㅇ	열 매	

1.

2. 『선진화폐연구』 284쪽.

3. 'civil' 님 자료.

4. 여름: 『용비어천가』, 『석보상절』, 『월인석보』, 『월인천강지곡』.
   혹은 ㅇ.

5. 열매.

6.

증거자료 사진출처: <고천원지>

고조선 문자 계통도-90(오리)

1	2	3	4	5	6
	♪ ㄴ	ㄹ ㄥ	을 히	오 리	

1.

2. 『선진화폐문자편』 277쪽, 중국학자들은 해석 못 합니다.
   『선진화폐문자편』 273쪽, 중국학자들은 해석 못 합니다. '계단' 이라 읽어 보기도 했으나, 오리의 [오]음가이면서 위 문자와 의미가 같은 원래 문자 형태라 봅니다. 즉 위 두 개의 문자는 책 속에서 서로 떨어져 있지만, 오리의 모습을 표현하려고 했다 봅니다.

3. 'civil' 님 자료.

4. 『월인석보』.

5. 오리.

6.

고조선 문자 계통도-91(올챙이)

1	2	3	4	5	6
	∮	℘	올챙	올챙이	

1.

2. 〈고천원지〉 웹 자료.

3. 『선진화폐문자편』 314쪽, 중국학자들은 제명도라고 하나 읽지 못 함.

4. 『훈민정음』 해례본 용자례用字例.

5. 올챙이.

6.

고조선 문자 계통도-92(옷)

1	2	3	4	5	6
			ㅊ	읏	옷

1.

2.

3. 〈고천원지〉 웹 자료.

4. 『훈민정음』 해례본 종성해終聲解.

5. 옷.

6.

고조선 문자 계통도-93(울타리)

1	2	3	4	5	6
ㄹ	ㄹ	∫ㄷ	으ㄹ	울	

1. 『선진화폐문자편』229쪽, 중국학자들은 己라 해석할 수밖에 없는 문자입니다.

2. 〈고천원지〉 웹 자료.

3. 'civil' 님의 자료.

4. 『훈민정음』 해례본 용자례用字例.

5. 울(타리).

6.

고조선 문자 계통도-94(원숭이 납)

1	2	3	4	5	6
	⸝	⸝	납	원숭이	

1.

2. 'civil' 님 자료.

3. 'civil' 님 자료(원 자료 〈고천원지〉).

4. 『훈민정음』 해례본 용자례用字例.

5. 원숭이.

6.

고조선 문자 계통도-95(ㅈ, ㅿ)

1	2	3	4	5	6
	△	△	ㅈ	ㅈ	
	ㅈ	ε	△		

1.

2. 'civil' 님 자료. ㅅ 위에 ㅡ하여 [ㅈ] 음가로 훈민정음 가획 원리와 동일합니다.

3. 고조선칼돈 문자 해석 후, 추출한 [ㅈ]음가 문자입니다.
   ㅅ에 ㅡ 가획하여 △이 되어 [ㅈ]이고, ε도 [ㅈ]음가입니다.

4. 훈민정음 △은 [ㅅ]과 [ㅈ] 사이의 음가라고 봅니다.

5. ㅈ.

6.

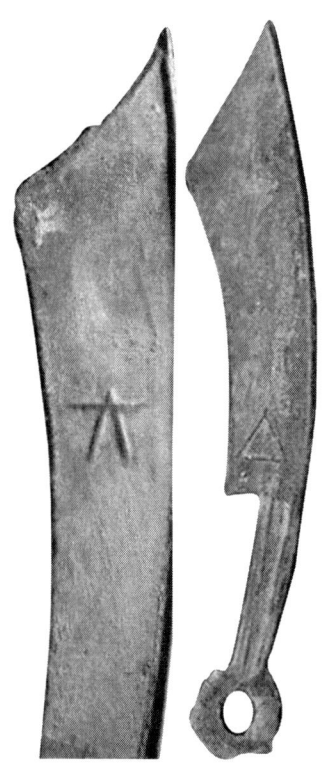

증거자료 사진출처: <고천원지>

고조선 문자 계통도-96(자)

1	2	3	4	5	6
	ㅋ	튼·	지·	자	
	ㅌ				

1.

2. 〈고천원지〉 자료, 소리 문자로 [ㅈ]음가에 해당하는 고대 한글이라 볼 수도 있습니다. 세종 한글에서 [ㅌ]음가로 고정되었습니다.

3. 『선진화폐문자편』 314쪽, 중국학자들은 제명도의 문자라고 주장합니다.

4. 『훈민정음』 해례본 용자례用字例.

5. 자 혹은 머리카락 빗는 빗일 수도 있습니다.

6.

고조선 문자 계통도-97(잔)

1	2	3	4	5	6
	ᄀJ	Y̰	잔·	잔	

1.

2. 'civil' 님 자료.

3. 'civil' 님 자료.

4.

5. 잔.

6.

고조선 문자 계통도-98(쟁기)

1	2	3	4	5	6
		ᄃ	흫	짐·게·	쟁기

1.

2. 〈고천원지〉 사진.

3. 〈고천원지〉 사진, '따비'라고 읽을 수도 있습니다.

4. 『월인천강지곡』.

5. 쟁기.

6.

고조선 문자 계통도-99(제비)

1	2	3	4	5	6
	大	⋛∨	저비	제비	

1.

2. 『선진화폐문자편』 7쪽, 중국학자들은 王으로 해석합니다. 이 문자는 제비집에 들어갈려는 제비라고 봅니다.

3. 'civil' 님 자료.

4. 『훈민정음』 해례본 용자례用字例.

5. 제비.

6.

고조선 문자 계통도-100(조개)

1	2	3	4	5	6
	⊕	솜	조개	조개	

1.

2. 〈고천원지〉 사진.

3. 〈고천원지〉 사진.

4. 『월인석보』.

5. 조개.

6.

증거자료 사진출처: 〈고천원지〉

고조선 문자 계통도-101(주걱)

1	2	3	4	5	6
	⌒		즉	주	
				걱	

1.

2. 『선진화폐문자편』 232쪽, 그리고 〈고천원지〉 웹 사진. 코와 주걱이 동일하게 표현되었다고 봅니다.

3.

4. 『훈민정음』 해례본 용자례用字例, 죽.

5. 주걱.

6.

고조선 문자 계통도-102(쥐)

1	2	3	4	5	6
	?	?	쥐	쥐	

1.

2. 『선진화폐문자편』 274쪽, 중국학자들은 해석 못 합니다.

3. 'civil' 님 자료.

4. 『용비어천가』.

5. 쥐.

6.

고조선 문자 계통도-103(집)

1	2	3	4	5	6
			집	집	

1.

2. 『선진화폐문자편』 219쪽, 중국학자들이 六이라 하지만 집을 그린 문자입니다.

3. 〈고천원지〉 웹 사진, '집' 혹은 '딥'이란 소리 문자 아래 상형그림 혹은 한자음 [가家]를 표현한 것입니다.
   혹은 분리되어 아래 한자음 형태로만 표현되기도 합니다.

4. 『용비어천가』.

5. 집.

6.

고조선 문자 계통도-104(ㅋ)

1	2	3	4	5	6
	X		ㅋ	ㅋ	X

1.

2. X.

3.

4. ㅋ, X는 고조선시대 [ㅋ]음가였습니다.

5. ㅋ.

6. 가림토 문자, X는 근대에 영어알파벳을 통해 날조한 것이 아니라 증거 사진자료처럼 고조선 시대에 이미 있었습니다.

증거자료 사진출처: <고천원지>

고조선 문자 계통도-105(칼)

1	2	3	4	5	6
	ㅋ	٩	갈·	칼	
		∫			

1.

2. 『선진화폐문자편』 37쪽.

3. 'civil' 님 자료.

4. 『훈민정음』 합자해合字解.

5. 칼.

6.

고조선 문자 계통도-106(코 비)

1	2	3	4	5	6
	ㄥ ㅅ	ㄱ ㅂ	고 비	코 비	ㄱ

1.

2. 〈고천원지〉 사진. '상형 코와 코 한글' 혹은 '비(한자음)'와 '코(한글) 혹은 아래서 위로 [곻]으로 표기했을 수도 있습니다.

3. 'civil' 님 자료, '코 비 한자음'.

4. 『석보상절』, 『월인석보』, 『소학언해』.

5. 코 비 한자음.

6. 가림토 문자, '코'의 옛말 '고'를 표현한 한글이라 봅니다.

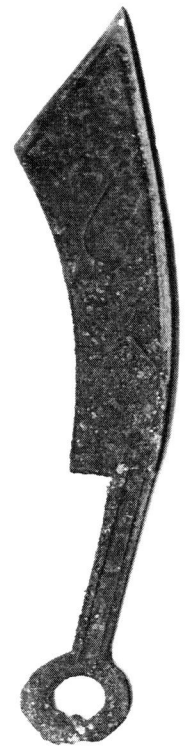

증거자료 사진출처: 〈고천원지〉

고조선 문자 계통도-107(코끼리)

1	2	3	4	5	6
	ᄀ	ᆖ	고키리	코끼리	

1.

2. 『선진화폐문자편』 265쪽, 중국학자들은 해석 못 합니다. 코끼리의 얼굴 부분입니다.

3. 『선진화폐문자편』 263쪽, 중국학자들은 연명도 문자라 하고, 中칩ᆖ이라 합니다. 중간의 원 부분은 농기구 '키'라고 봅니다.

4. 고키리: 『월인석보』, 『훈몽자회』.
   키: 『훈민정음』 해례본 용자례用字例.

5. 코끼리.

6.

고조선 문자 계통도-108(탈)

1	2	3	4	5	6
	ᗡ	ᗡ	탈·ㄹ	탈	

1.

2. 『선진화폐문자편』 229쪽, 중국학자들은 己라 해석합니다.

3. 'civil' 님 자료.

4.

5. 탈.

6.

고조선 문자 계통도-109(톱)

1	2	3	4	5	6
W	w	⊂ V	톱	톱	

1. 『선진화폐문자편』 278쪽.

2. 『선진화폐문자편』 278쪽.

3. 'civil' 님 자료.

4. 『훈민정음』 해례본 용자례用字例.

5. 톱.

6.

고조선 문자 계통도-110(ㅍ)

1	2	3	4	5	6
		ㄩ ㄩ)(ㅂ	Ⅱ	ㅍ	

1.

2.

3. [ㅍ]음가에 해당하는 명도전 문자를 세종께서 생략을 해버렸기에 문자 해독을 어렵게 합니다.
   U나 ㄩ이 [ㅂ]음가이고 위 부분에 ㅡ ㅡ이 있다면 [ㅍ]음가라고 봅니다. 八은 [ㅍ]음가로 보는데 [ㄴ]음가 중 하나일수도 있습니다.

4. ㅍ.

5. ㅍ.

6.

고조선 문자 계통도-111(파리)

1	2	3	4	5	6
	※	※	폴	파 리	

1.

2. 『선진화폐문자편』 274쪽, 중국학자들은 해석 못 합니다.

3. 'civil' 님 자료.

4. 『훈민정음』 해례본 용자례用字例.

5. 파리.

6.

고조선 문자 계통도-112(표범)

1	2	3	4	5	6
	𝕊		돈점박이 표범	표범	픔

1.

2. 『선진화폐연구』 263쪽.

3.

4.

5. 표범.

6. 『훈민정음』에서 표현 된 문자로서 조선시대에 표범이 없어진 상황에서 고조선의 '표범' 문자를 보고 이를 남기고자 한 한자음이라 봅니다.

증거자료 사진출처: <고천원지>

고조선 문자 계통도-113(풀)

1	2	3	4	5	6
	¥	⌇	플	풀	

1.

2. 〈고천원지〉.

3. 'civil' 님 자료.

4. 『월인석보』.

5. 풀.

6.

증거자료 사진출처: 〈고천원지〉

고조선 문자 계통도-114(ㅎ)

1	2	3	4	5	6
		ㅂㅇ	ㅗㅇ	ㅎ	

1.

2.

3. 'civil' 님 자료 중에서 [ㅎ]음가 발췌.

4.

5. ㅎ.

6.

고조선 문자 계통도-115(해)

1	2	3	4	5	6
	ㅎ	(문자)	히	해	

1.

2. 'civil' 님 자료. ㅇ 부분이 [ㅎ]음가이고, 나머지 세 개의 선 중 2개는 모음 부분이고, 나머지 하나는 장음임을 나타냄.

3. 『선진화폐문자편』118~120쪽에 다양한 '해' 문자가 있음. 중국 학자들은 明으로 읽고 있으나, 이는 '해' 혹은 '눈'을 표현하는 고조선 문자임. 고조선칼돈 문자의 앞면으로 나라이름을 표현한 문자임.

4. 『용비어천가』, 『석보상절』, 『월인석보』, 『분류두공부시경언해』, 『동의보감탕액편』.

5. 해.

6.

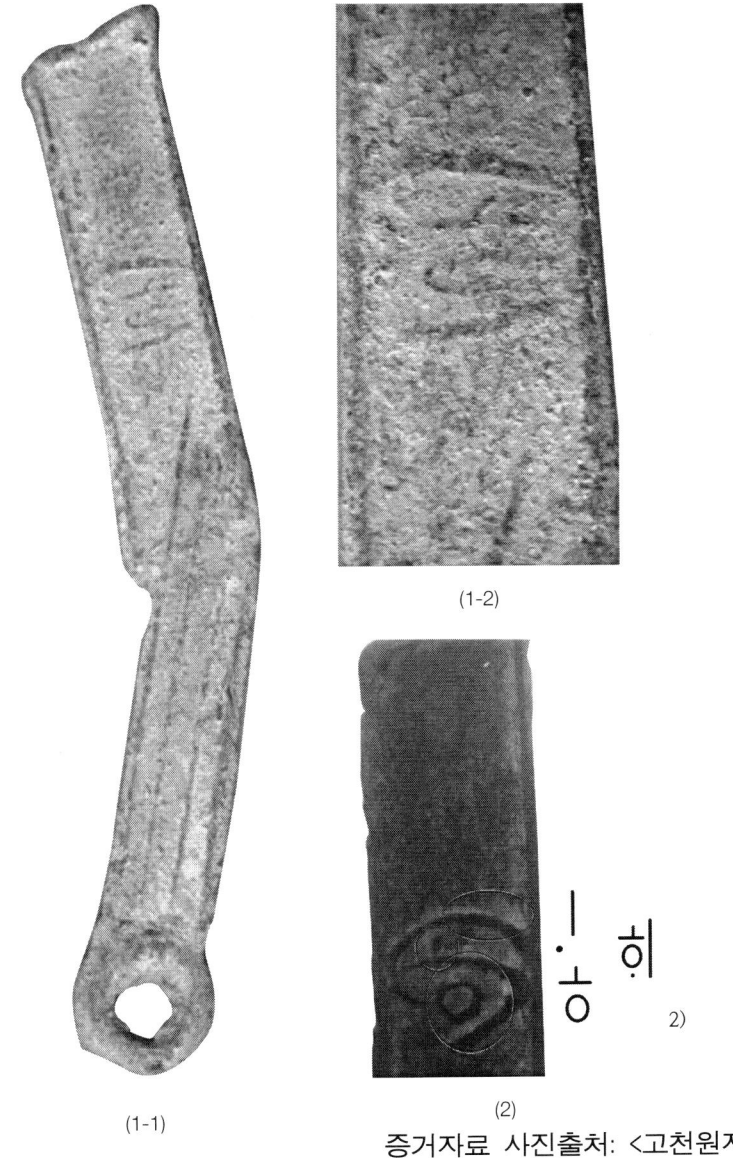

(1-2)

(1-1)

(2)

증거자료 사진출처: 〈고천원지〉

---

2) 1-1 사진 출처는 〈고천원지〉이고, 1-2는 그 중간 문자를 확대하면 문자 ㅎ을 확인할 수 있고, 2는 『고조선과 동북아의 화폐』 표지 사진으로써 문자 안에 점을 확인할 수 있습니다.

고조선 문자 계통도-116(화살)

1	2	3	4	5	6
	↑	(그림)	화·살	화살	

1.

2. 〈고천원지〉 사진자료, 소리 문자로 본다면 [시], [수], [소]라고 읽을 수 있습니다.

3. 〈고천원지〉 사진자료, 위 둥근 원 부분은 '화살'을 표현한 듯합니다.

4. 『석보상절』.

5. 화살.

6.

고조선 문자 계통도-117(활)

1	2	3	4	5	6
ㅣㅇ	ㄷ	ㅎㅣ	활		
ㄷ	ㅇ	ㄹ			
ㄴ	ㅅ				

1.

2. 〈고천원지〉 사진자료.

3. 'civil' 님 자료(원 자료 〈고천원지〉), 위 둥근 원 부분은 '활'을 그린 모양인 듯합니다.

4. 『훈민정음』 해례본 합자해合字解.

5. 활.

6.

고조선 문자 계통도-118(회초리)

1.

2. 〈고천원지〉 사진.

3. 위 문자: 『선진화폐문자편』 121쪽, 중국학자들은 外라 해석합니다. 아래 문자: 『선진화폐문자편』 75쪽, 중국학자들은 6번의 알 수 없는 한자에 배당하여 해석합니다.

4. 싸리: 『두창언해』.

5. 싸리 회초리.

6.

6장... 수사 최종 보고서 및 참고자료

수사관: 허대동
수사 대상: 첨수도 화폐의 문자와 그 화폐의 국적

처음에는 이 첨수도 화폐 문자도 고조선칼돈 문자처럼 난해한 문자였습니다. 그러나 상형과 한글의 근본 이치를 가지고 잘 살펴본다면, 모두 한글 자모의 큰 틀 안에 들어있고, 조금은 상형으로 변형된 모습을 가진 문자였습니다. 근본 모습이나 획수에서 중국 춘추전국시대 어느 나라의 한자漢字가 아님을 알 수 있습니다. 이 고조선 첨수도 문자는 고조선칼돈 이전 단계의 근본 문자로서 상형과 한글의 결합 원리가 완전 도입된 고조선칼돈 문자보다 이른 시기의 첫 단계였습니다.

첨수도에 한글의 근본 도형인 원(ㅇ), 방(ㅁ), 각(△)이 있고, 그 중심부에 천ㅈ인 점이 있는 것은 세종 한글의 근본 자음 아래의 점과 동일한 소리 표시라고 봅니다. 이 외의 다양한 낱말은 계통도를 통해서 충분히 그 연원을 밝혔다고 봅니다.

세종의 한글은 이 고조선 문자들을 해석하고 탐구하는 과정에서 나온 것으로 생각할 수 있고, 고조선 문자 중에 상형의 원리를 생략하고 소리 문자 특성만 완전히 표현한 문자라고 생각해봅니다.

그래서 첨수도 화폐는 중국의 연나라나 제나라, 혹은 북융北戎의

화폐가 아니라, 고조선 고유의 문자가 담긴 화폐입니다. 물론 이 화폐의 국적은 '고조선'입니다.

첨부자료 1. 울산(울주) 바위그림 연구

고조선 문자 이전에는 어떤 문자들이 우리 선조들의 터전에 있었을까요? 그 시원을 알 수 있는 그림문자가 울산시 울주군에 있습니다. 제가 살고 있는 경남 양산과 울산은 바로 옆 도시이므로 자동차로 40분 정도 소요되는 거리에 있습니다. 국도로 가면, 양산 시내에서 통도사를 지나 울주 언양을 거치게 됩니다. 이곳 울산(울주)에 유명한 바위그림이 있는데, 가까운 거리에 국보 285호인 대곡리 바위그림과 국보 147호인 천전리 각석이 위치해 있습니다. 이 중 국보 285호인 대곡리 바위그림은 최근에 보존 문제로 여러 번 기사화가 된 주요 문화재이기도 합니다. 내용은 문화재가 물속에 잠겨 훼손이 심한 상태라서 그 보존이 시급하다는 내용이었습니다.

(울산 반구대 암각화가 위치한 풍경)

그 그림을 소개한 내용을 소책자에서 살펴봅니다.

(반구대 암각화 소개 소책자 내용 중)

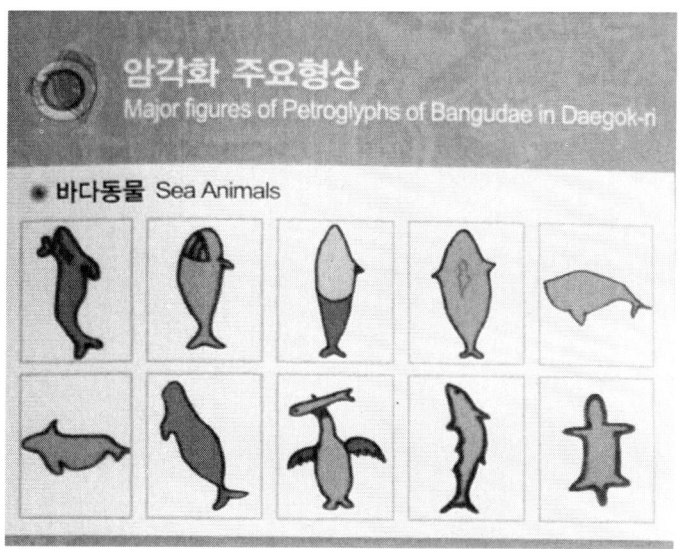

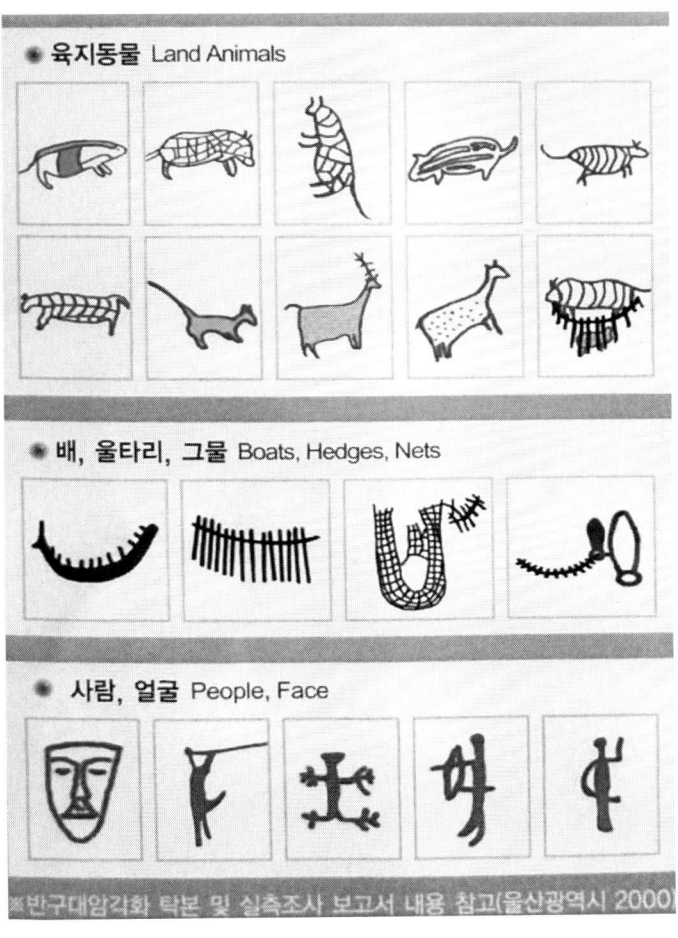

(울산 반구대 암각화 세부 그림)

위 문자들은 거의 내용이 파악되었으나, 한두 개는 그 의미를 잘 모르고 있습니다. 특히 사람 얼굴 난을 보시면, 처음 그림은 '탈'을 표현하고, 두 번째는 나무에 달린 '원숭이'를 표현하고, 세 번째는 '도마뱀'을 표현하고, 네 번째는 '활을 쏘는 사람'을 표현하고, 다섯 번째는 '춤을 추는 사람'을 표현하고 있다 봅니다. 지금까지 위 그림에서 원숭이와 큰 도마뱀을 해석하지 못한 이유는 당시 이 지역이

'아열대 기후'였음을 몰랐기 때문입니다. 이 문화재를 보고난 뒤, 다시 건너편으로 산길을 따라 산책 삼아 걸어가면, 천전리 바위그림문자가 나옵니다.

(천전리 바위그림문자 앞에 선 필자)

이 바위그림문자 앞에 아래 사진자료처럼 문자 설명을 하고 있습니다. 하지만 이 설명은 도형 위주의 추상적 설명이고, 원래 선인들이 표현하시고자 했던 문자의 의미는 아니라고 봅니다. 그래서 제가 그 문자의 의미를 새롭게 해석해 보았습니다.

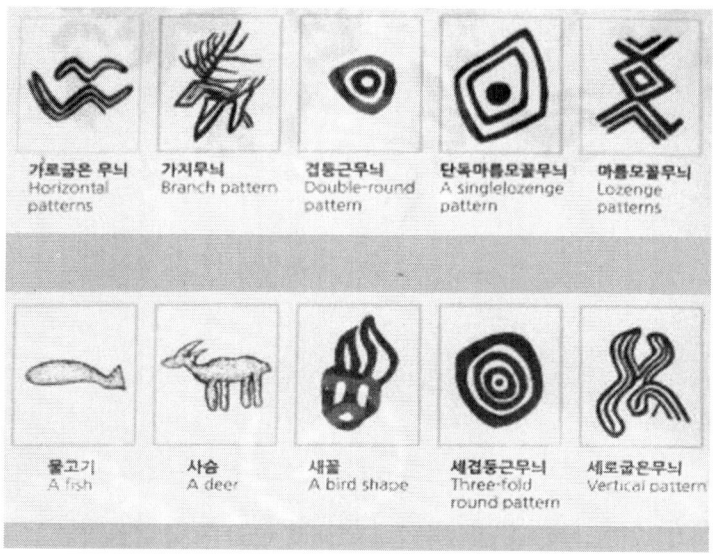

1. 가로굽은 무늬: 갈매기, 바다 위로 나는 갈매기라고 봅니다.
2. 가지무늬: 노루, 가지는 노루의 뿔을 표현했다고 봅니다.
3. 겹 둥근 무늬: 눈.
4. 단독마름모꼴무늬: 귀.
5. 마름모꼴 무늬: 코 입 수염, 혹은 게.
6. 사슴: 사슴 혹은 개, 뿔을 귀라고 보면 개의 모양이 보입니다.
7. 새꼴: 소.
8. 세겹둥근무늬: 조개.

9. 세로 굽은 무늬: 말(조금 더 연구).
10. 인간의 얼굴: 혹은 탈(이유: 머리 부분이 없으니).
11. 연속 세겹 둥근무늬: 고치(?).
12. 연속 홑 둥근 무늬(왼쪽): 나비, 잠자리, 돌(좀 더 생각해야 함).
13. 연속 홑 둥근 무늬(오른쪽): 누에.
14. 타원형 무늬: 씨앗.
15. 우렁 무늬: 나무, 벼.
16. 아래 인물상: 원숭이로서 왼쪽 부분이 꼬리, 손을 모으고 있어 손이 긴 동물.
17. 종 연속 마름모꼴 무늬(왼쪽): 오징어, 반대로 보아야 합니다. 점은 먹물을 의미합니다.
18. 종 연속 마름모꼴 무늬(오른쪽): 올챙이 혹은 연(조금 더 연구).
19. 호랑이: 개나 늑대, 표범(이유: 그림에 王 표시가 없으니까).
20. 화살무늬: 벼와 쌀.
21. 횡연속 마름모꼴 무늬: 그물.

   기존의 그림문자 해석은 단순한 도형의 상징 표현으로만 이해하고 있습니다만, 저는 이 문자들이 구체적인 동물을 주로 표현한 상형문자라고 보고 있습니다. 이 문자는 울산 바위에 새긴 문자이므로 환웅 시대였던 신석기 우리 선조들의 문자 생활이었습니다. 이 문자들은 단순한 그림을 넘어 문자로서의 가치를 지닌 초기 한족韓族의 문자라고 생각합니다. 이유는 위 우리 고유의 초기 상형문자를 현대 학자들도 추상적인 도형 정도로 이해하고 있기 때문입니다. 특히 신석기 환웅 시대와 고조선 시기가 아열대였다는 사실을 알고 있어야 꼬리 달린 원숭이를 올바로 해석할 수 있습니다.

첨부자료 2. 김해 국립 박물관에서 만난 자모음 자판도

이제 김해로 가볼까 합니다. 김해는 양산 옆 도시로서 가야국의 수도였습니다. 김해 대성동大成洞 고분 박물관에 가봅시다. 박물관 '도입의 장'에 엄청 큰 청동거울 만날 수 있습니다. 실물을 확대해 놓은 것인데, 사진자료는 그 주변 테두리에 놓인 청동거울 모조품입니다.

이 거울은 현재 대성동 고분 박물관 전시안내도록에 중국계 유물로 분류하고 있습니다.

이 거울은 ㅁ(方格), V(콤파스, 規), ㄴ(곱자, 矩)의 문양에 따라 방격규구경(方格規矩鏡) 혹은 TLV 경(鏡)으로 불렸다. 그러다가 이러한 문양이 중국의 진한(秦漢)시기에 유행한 오늘날의 장기와 유사한 오락기구인

박국(博局)을 본 뜬 것이라는 사실이 발굴성과를 통해 밝혀짐에 따라 박국경(博局鏡)으로 부르는 경향이 강하다.3)

저는 개인적으로 이 문양은 한글의 모습을 축소한 거울이라 보고 중국계 청동거울이 아니라 우리 고유의 것으로 봅니다. 이 중간에 있는 ㅁ은 한글의 ㅁ과 동일하게 보고, ㅁ 상하좌우에 붙은 ㅓ는 모음의 단음과 장음을 표현했다고 봅니다.

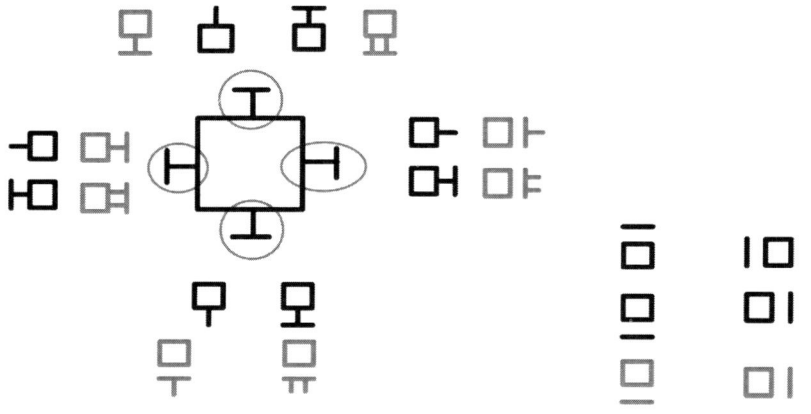

동경에 새긴 문양은 한글의 '마먀머며모묘무뮤므미'를 표현한 한글 통합 자판일 가능성이 높습니다. 거울의 변두리에는 ㄱ, ㄴ, ㅅ 혹은 V이 있어 이 동경이 단순한 문양이 아님을 표현하고 있다고 봅니다. 즉 이 거울 안에는 ㅇ, ㅁ, △이 들어 있고, 점이 들어 있어 고대 한글을 표현하고 있습니다. 아직 연구하고 생각해야 할 부분을 대성동 고분 박물관에 남기고 김해 박물관으로 걸음을 옮겼습니다.

---

3) 대성동 고분 박물관 전시안내도록, 44쪽.

2층에 올라가니 제가 '고조선 문자'에서 탐구한 함안 아라가야 토기의 문자들이 전시되어 있었습니다. 바로 옆에는 #과 2개의 특별한 문자가 새겨진 토기가 있었습니다.

위 사진에서 # 이 들어간 토기를 좀 더 확대해 보겠습니다.

이 그릇에 표시 #은 일반적으로 한자의 우물 정#으로 읽습니다. 그런데 저는 고대로부터 우리 민족에게 내려온 부호라고 보고 '통합 자음 자판'으로 생각해 보았습니다.

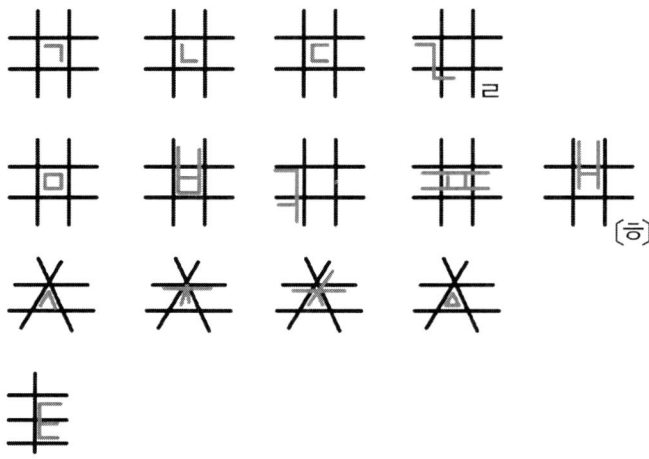

산가지 4개로 #을 만들면, ㄱ, ㄴ, ㄷ, Z(ㄹ), ㅁ, ㅂ, ㅋ, ㅍ, H(ㅎ 음가 중 하나)가 나오고, 산가지 4개 중 한 개를 옮겨 교차시키면, ㅅ, ㅈ, ㅊ, △이 나오고, 한 개를 아래 수평으로 배치하면, ㅌ이 나옵니다. 그릇의 둥근 입구는 ㅇ을 표현하고 있습니다.

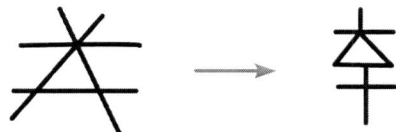

옆에 대간ㅊㅜ이란 문자의 토기가 위 사진처럼 전시되어 있습니다. 일반적으로 한자 대간ㅊㅜ이라 생각하기 쉽지만, 문자를 자세히 보시면 한자 대간ㅊㅜ이 아니라 삼각형 △ 위에 ㄴ, 아래에 제가 [ㅋ]음가로 본 ㅓ이 있습니다. 즉 #이 첫 번째 자음도, 이 문자는 두 번째 자음도라 생각해 봅니다. 제 연구가 한자 정#과 대간ㅊㅜ이 아니고 한글 통합자판이란 동의를 얻기까지는 더 많은 자료와 연구가 필요할 것입니다. 여기서는 토기에 표시된 문자가 한자가 아닌 우리 고유의 한글에 관한 표식이 아닐까하는 문제의식을 기록해 두고자 합니다.

   원고 제출 이후에도 계속 연구를 해보니 한자 대부ㅊㅊ라고도 해석할 수 있습니다. 이는 큰 대장부가 잡귀를 막아달라는 주술적 의미를 담고 있다고 봅니다.

첨부자료 3. 환웅 시대에 이미 한글을 만든 한민족

울산과 김해에서 선조들의 문자 생활을 추적해 보고 집에서 그 자료들을 다시금 생각을 해보다가 이전에 제가 블로그 환웅 시대[4] 토기 문자 연구를 떠 올렸습니다. 여기에도 #이 있지 않을까 해서 급히 토기 자료를 찾아보았습니다.

#과 완전 동일하지 않아 실망이지만, 유사한 표식이 있습니다. 위 ○ 안의 오른쪽 편 그림을 보시면 그 자료를 확인하실 수 있습니다. ○ 안에 낙서와 같은 그림이 들어 있습니다. 처음에는 단순한 선의 표시 정도라만 여길 수밖에 없습니다. 만약 이 문자가 소리 문자와

---

[4] 신석기 시대라는 현대 역사 용어보다는 환웅 시대라는 민족 역사적 용어가 어울릴 듯해서 신석기 시대는 환웅 시대로 표현합니다.
[5] 이형구, 『발해연안에서 찾은 한국 고대문화의 비밀』, 김영사, 2004, 133쪽.

상형문자의 조합이라면, '소와 쟁기'라고 해석할 수도 있습니다. 그리고 ㄱ, ㄴ, ㄷ, Z(ㄹ), ㅁ, ㅂ, ㅅ과 같은 한글 자음 표시라고도 볼 수 있습니다. 저는 최종적으로 자모음이 결합된 문자들의 혼합이라고 보고, '오리', '소(쇼)', '닭', '물고기', '개(가히)', '도(돼지)', '말'이라 해석했습니다. 화살표 오른쪽 문자는 위 환웅 시기의 토기 문자를 3개의 가야 문자들로 나눈 문자표식입니다.

첨부 자료 4. 전북 익산 바위 문자

전북 익산에 청동기 시대의 바위 글을 확인할 수 있습니다. 바위의 정중앙에 특별한 문양이 있습니다.

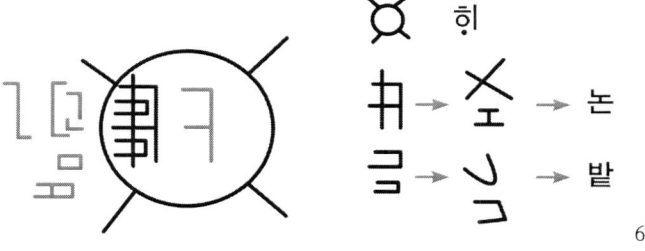

이 바위의 중앙은 큰 원으로 되어 있고, 주변 사선은 햇살이라고 봅니다. 원 안의 문양은 '논밭'이라 해석해 보고, 혹은 ㄱ, ㄴ, ㄷ, Z(ㄹ), ㅁ, ㅂ, ㅋ이 들어있는 자음 통합표라 생각해 보기도 합니다. 더 연구해야 할 문자 혹은 문양이라 봅니다. 바위 주변에도 다음 그림과 같은 문자가 있습니다.

---

6) 청동기시대 암각문자 추정 전북익산서 발굴, ≪OhmyNews≫, 모향숙 기자 기사 중.

쫗 호랑이 으ᇹ 녀우 포 나비

쪼 나무 永 벼 층 콩

바위 주변에 새긴 특별한 문자를 제가 임시로 해석해 보았습니다. 호랑이, 여우 등과 같은 동물, 나비 등과 같은 곤충, 나무, 벼, 콩과 같은 곡식을 표현했다고 봅니다. 역시 앞으로 많은 연구가 필요한 그림문자라고 봅니다.

첨부자료 5. 티벳 문자 속에 찾은 한글

아	ㄲ	ㄱ	ㄱ	ㄴ
	ㅛ		ㄷ	ㅈ
설	ㅅ			
순		ㅂ	ㅁ	
치	ㅊㅎ	ㅎㅆ	ㅌ	△
후		ㅋ	ㅇ	
반설		ㄹ		

티벳 문자에는 근본 인쇄체와 필기체 - 혹은 행서체 - 라는 글씨체가 하나 더 있습니다. 이 티벳 필기체는 근본 인쇄체에서 획수를 하나 감획해서 사용합니다. 저는 제 저서 『고조선 문자』에서 이를 다루고 설명했으나, 하나의 도표로 제시를 못한 점이 아쉬워 여기에 통합 도표를 그려 봅니다. 도표에서 보시다시피, 티벳 필기체에서 우리 한글의 근본 문자 모습을 거의 다 확인하실 수 있습니다.

저는 이 글을 마무리 하는 즈음에 네이버 검색 창에 '티벳 문자'를 검색어로 넣어보니, '한글의 기원' 항목에 제 의견과 동일한 내용을 발견하였습니다.

> 로스니(Leon de Rosny : Apercu de langue Coreene. 1864), 이삭 테일러(Isaac Taylor : The Alphabet 1883), 가베렌츠(G. von der Gabelentz : Zur Beurteilung des Koreanischen Schrift-und Lautwesen. 1892), 헐버트(H. B. Hulbert : The Korean Alphabet, 1892. The Korean Alphabet, 1896. Remarks on the Korean Alphabet, 1902) 등의 주장으로, (중략)[7]

무려 4명의 외국인이 한글의 티벳 문자 기원설을 주장했습니다. 제가 찾아낸 티벳 필기체(행서체)에서 연유했다는 사실이 정확히 적시되었는가는 확인할 수 없지만, 티벳 문자 기원설은 상당히 고무적인 내용입니다. 외국인이란 객관적 시각으로 문자의 기원을 파악했다는 점이 매우 흥미롭습니다.

---

7) '네이버 지식사전', 한글의 기원 중에 티벳 문자 기원설을 주장한 외국인 이름.

첨부자료 6. 井의 원래 의미를 찾아서

저는 井을 김해국립 박물관에 찾고서 이 문자를 한글자모음 통합 자판이라 여겼습니다. 그리고 이 표시가 있는 물건으로 '광개토대왕의 청동그릇' 정도라고만 알고 있었습니다. 그런데 이 문자 井은 서울 백제 풍납토성 토기에도 나옵니다. 게다가 대부大夫라는 한자도 나옵니다. 이 문자를 주로 관직명으로 해석합니다.

권오영 한신대 교수는 "대부는 중국에서 유래한 관직이름으로 고구려나 왜에서는 그 존재가 확인되기는 하지만 백제에서는 금석문이나 문헌 기록에서 전혀 확인되지 않는다."라고 하면서 "이에 대한 해석으로 여러 가지 가능성을 생각해 볼 수 있으나 보다 면밀한 검토가 필요하다."[8]

그런데 고구려 아차산 유적지에서 대부정大夫井이란 문자가 나오고 난 뒤 이런 견해를 표합니다.

양국에 공통적으로 사상적인 문화적인 그런 측면이 아닌가 이렇게 볼 수도 있습니다. 왜냐하면 정이라고 하는 글자는 어떻게 보면 글자도 되지만 같은 기호도 됩니다. 저런 기호는 고구려에도 있고 백제에도 있고 신라, 가야 그리고 바다 건너 일본에도 있습니다. 그런데 그것을 글자가 아니라 사악한 기운을 멀리하고 나쁜 기운이 오지 못 하게 하는 벽사의 의미가 있는 그런 부호이기 때문에 종교적인 기능을 가졌을 그

---

[8] 풍납토성서 '대부(大夫)'명 토기 출토, 《연합뉴스》, 1999.12.7.

런 가능성을 배제할 수는 없을 것 같습니다. 9)

저는 이 백제 문자 대부大夫는 가야의 대간大干과 같은 문자로서 조선 사람을 나타내는 상형문자라고 생각해 봅니다.

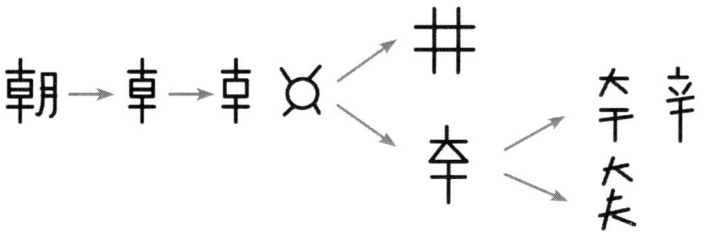

가야의 대간大干과 신辛은 조선朝鮮의 조朝를 축약해서 적은 문자라고 봅니다. 백제의 대부大夫도 마찬가지 문자라고 봅니다. 그러면 이 문자의 근원은 어디까지 올라갈까요? 이미 신용하 교수께서 검토하셨던 대문구문화10)의 '아사달' 팽이형 토기 문자까지 거슬러 올라간다고 봅니다.

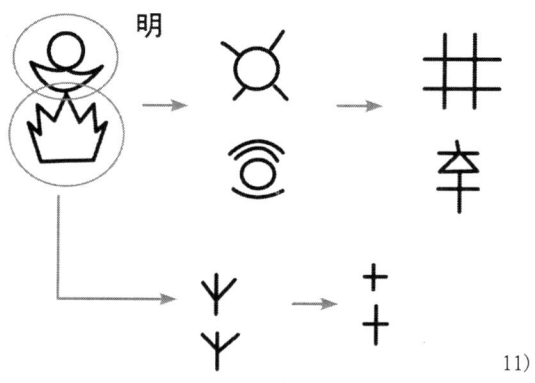

11)

---

9) 〈역사스페셜: 풍납토성, 백제사 최대의 미스터리를 푼다.〉, KBS1.
10) 大汶口文化, B.C. 4000년 경 전후 문화, 산동을 중심으로 한 동이족 문화라고 생각하고 있습니다.

신용하 교수님은 맨 왼쪽 그림을 이미 '아사달 조선朝鮮'이라 해석하시고 있습니다. 여기 문양 중에 맨 아래 문양은 5개의 봉우리가 있는 산으로 '오봉산'입니다. 땅이고 산이고, 산에 있는 나무나 숲입니다. 이 문자가 후대 금문金文의 朝의 日의 위아래 十이 됩니다. 그리고 위의 문자는 '햇빛' 혹은 '밝은 해달'로서 桓, 韓, 旦, 檀, 朝, 明의 근원 문자라고 봅니다. 이 문자가 중간의 고조선 화폐 문자 '흐'가 되고, 4국으로 분열 후 ㅇ 부분이 ㅁ이 되고,12) 햇살인 //// 선 4개와 오봉산 十 2개가 ㅁ 상하좌우로 붙어 井이란 문자가 되었다고 봅니다. 이 아사달(아침 땅, 아침 나라, 햇빛 나라)문양이 1개도 아니고 11개나 나왔다는 것은 겨레의 대표 표시 문양이라 봅니다. 그리고 이 문자를 통해서 상형한자의 주인공도 동이족이 아닐까 추정해 봅니다.

여기에서 풍납토성의 와당 문양을 다시 생각해본다면, '햇살이 비추는 땅'을 문양으로 표현했다고 봅니다.

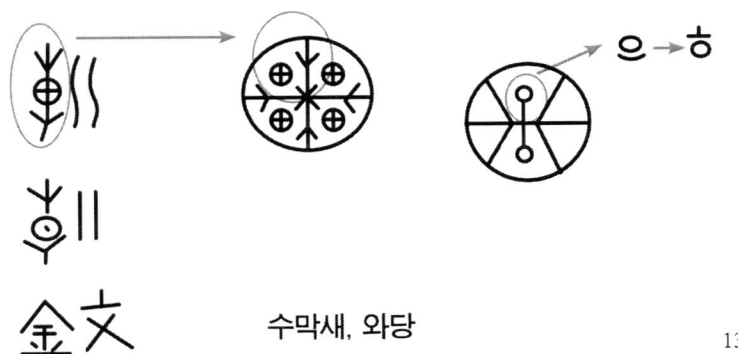

수막새, 와당

13)

---

11) 신용하,「고조선 문명권의 형성과 동북아 '아사달' 문양」(임재해 외,『고대에도 한류가 있었다』, 지식산업사, 2007, 127~131쪽) 글 중, 이 문양은 11개 나왔습니다. 아사달에서 고조선 화폐 '흐' 문양이 되었음을 본인의 저서『고조선 문자』에서 다루었습니다.
12) 신용하 교수님도 '아사달 조선(朝鮮)'이라 읽으셨습니다.
13) 금문출처:
http://www.internationalscientific.org/CharacterEtymology.aspx?characterInput=%E6%9C%9D,
수막새 사진 출처: 계림의 국토박물관 순례, http://blog.Daum.net/kelim/12670765, 서울 풍납토성 출토 수막새.

풍납토성 와당의 수막새 문양은 무슨 의미일까요? 그냥 문양일 수도 있지만, 저는 이 문자를 조선朝鮮의 조朝를 문양으로 만든 것이라 봅니다. 결국 와당 위의 문양, 4국 토기 위의 井, 고조선 화폐 '호'는 모두 대문구 문화의 '아사달(해가 비치는 아침 땅)' 문양으로 거슬러 올라갈 수 있다는 것입니다.

첨부자료 7. 염(井)자 연구

고구려 토기 위에 염井라고 읽고 있는 문자를 여러 각도로 생각해봅니다.

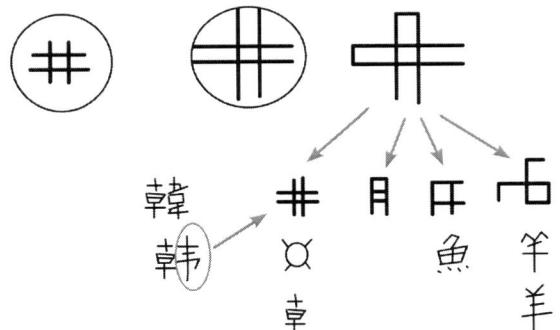

이 도형은 원 안의 井이 원의 선과 맞닿아 염井을 만든 문자입니다. 일반적으로 염井으로 해석하는 문자도 저는 조선朝鮮의 또 다른 표현 문자라고 봅니다. 井에는 보이지 않는 月, 魚, 羊의 상형 상징 그림도 찾을 수 있습니다. 이 도형에서 한글의 모든 도형이 나옵니다. ㅈ, ㅊ, ㅎ 부분에서 조금 다른 글자체가 만들어지지만, 결국 크게는 한글 모습으로 이해할 수 있습니다. ㄲ, ㄸ, ㅃ, ㅆ, ㅉ 쌍자음도 도형 안에

---

14) 책을 벗 삼아, http://blog.Daum.net/santaclausly/11793600, 〈HD 역사 스페셜 풍납토성 백제사 최대의 미스터리를 푼다〉, 제가 찾은 # 도형과 비슷한 도형을 금척(金尺)이라 하시고 여기에서 한글과 영어알파벳 철자가 나왔음을 증명한 블로그 http://blog.naver.com/ldk3113/80022175284도 있습니다. 이 분은 천부경을 통해서 금척을 찾았고, 저는 토기 위의 문자 #을 통해서 금척을 찾았는데 더 연구가 필요한 부분입니다.

서 찾을 수 있습니다. 井을 다른 각도에서 보자면, 韓의 간자체의 오른쪽 부분처럼 보입니다. 이런 생각을 위의 그림판에 정리하고 네이버 한자 사전 韓을 입력했을 때, 놀라운 진실을 찾게 됩니다.

韓

1. 대한민국(大韓民國)의 약칭
2. 나라이름
3. 대한제국(大韓帝國)의 약칭
4. 삼한의 통칭
5. 전국 칠웅의 하나
6. 주나라의 제후국
7. 우물난간15)

4번도 중요하고, 7번도 중요합니다. 우리가 韓이란 한자에서 우리 대한민국의 한韓 한자다라고만 알고 있습니다. 역사적 사실로는 고조선 시대 삼한의 통칭이고, 한干, 한汗, 한翰, 우리나라 고조선古朝鮮 때에 군장君長을 이르던 말16)이기도 합니다. 여기까지는 대다수 알고 있는 내용이지만, 韓에 우물난간이 들어있다는 사실은 대부분 모르고 있습니다. 우물난간은 井이지요. 韓이란 문자를 달리 표기해서 井이라고 하신 것입니다.

'우물난간'을 네이버 한자 검색어 난에 입력해 보면 幹(우물난간 한, 줄기 간), 榦(우물난간 한, 줄기 간)이 나옵니다.

---

15) 네이버 한자사전.
16) 네이버 한자사전 韓, 단어 뜻풀이 ⑤.

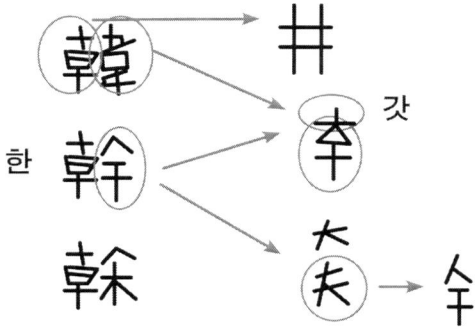

　우물난간 한韓에서 오른쪽에 사람 인人과 방패 간干이 붙어 있습니다. 이 문자가 곧 가야 토기 위의 대간大干이고, 고구려 백제의 대부大夫입니다. 갓을 쓴 조선 사람임을 표현하기 위해 ㅗ를 상형으로 붙이기도 했습니다. 경우에 따라서는 韓의 오른쪽 부분인 위韋(가죽, 둘러싸다)의 축약형으로 볼 수도 있습니다. 그러면 井에는 우물난간이란 의미만 있는 것이 아니라 이 문자에는 천지인天地人이 들어 있습니다. 위의 내용을 종합한 도형을 보겠습니다.

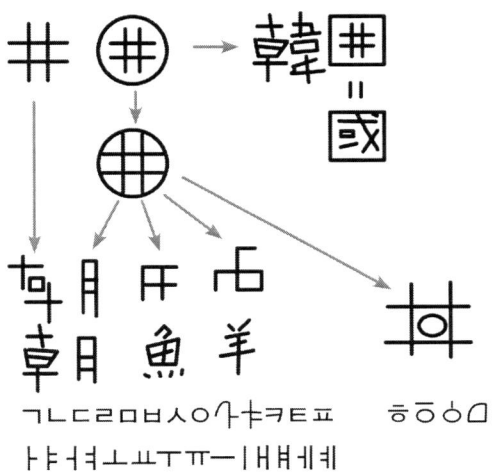

즉 #은 韓을 표현하고, 원안에 들어간 #은 囲으로서 국國의 약자입니다. 그래서 한국韓國이 첫 해석이고, 두 번째로는 조선朝鮮이고, 이 문자에는 한글자모음 자판도 들어 있다고 봅니다.

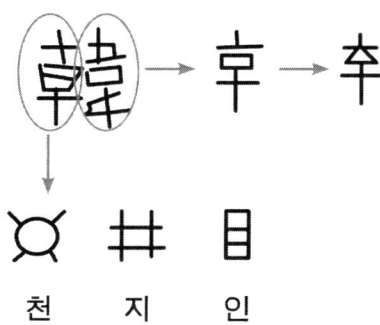

하늘엔 해, 땅 위엔 우물, 사람에겐 눈이 됩니다. 햇살은 우물의 우물난간이 되고, 눈에는 눈썹이 되기도 합니다. 그래서 韓족은 日(해)를 숭상하고 井(우물)을 중심으로 모여 마을을 이루고 目(눈) 明(밝은) 사람들이란 의미입니다. 이런 생각을 정리하니 '아사달 조선' 팽이형 토기 문양은 우물을 중심으로 하는 문자일 것 같다는 느낌이 강하게 두뇌에 스쳤습니다.

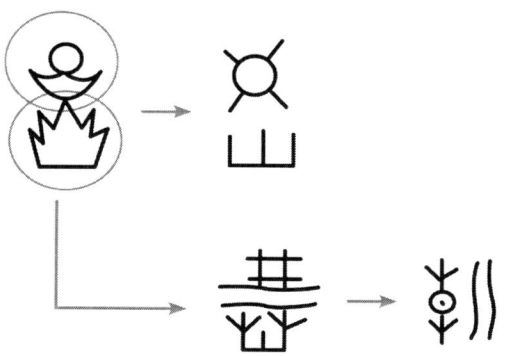

아래 그림이 머리에 스친 생각인데, 맨 위 ㅇ은 우물이고, 중간 모양은 우물물을 담은 두레박 혹은 강물, 마지막 오봉산은 우물을 두른 목책 혹은 마을 둘레를 두른 목책이나 성벽을 의미한다고 봅니다. 그러면 금문金文의 朝의 초기 문자에 오른쪽 물줄기도 아사달 문자와 동일함을 알 수 있습니다.

 이후 지속적인 연구를 통해서 금문의 오른쪽 물줄기는 '바다'를 의미한다고 생각해 봅니다.

첨부자료 8. 井은 고대 한글 자모음 통합 부호

井이 韓의 줄임 한자임을 확인한 이후에도 혹시 다른 의미가 있을까 해서 다른 화폐를 통해서 추리를 멈추지 않았습니다.

1) 명사전(明四錢)

중국에서 명사전明四錢이라고 해서 중국 연나라 화폐라고 하는 돈입니다. 그러나 이 화폐도 고조선칼돈과 같은 문양을 가지고 있기에 결국 우리 고조선의 돈이라고 봅니다. 저는 이 문자를 한韓을 적은 문자라고 봅니다. 하늘에는 햇살 ////, 땅에는 우물난간 #인 고조선의 한전韓錢입니다. 명칭으로는 조한전朝韓錢 혹은 조정전朝井錢이라 해야 할 듯합니다.

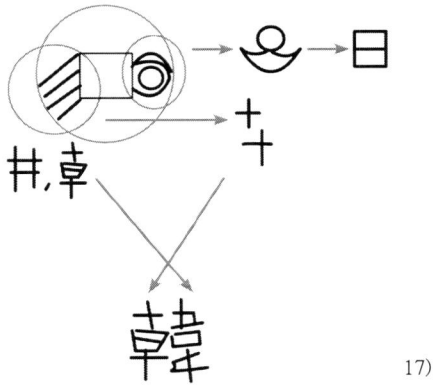

17)

---
17) 그림자료: 『간명고전사전』, 112~113쪽.

2) 명화전(明化錢)

다음으로 명화전明化錢이라는 돈도 결국 조선朝鮮을 의미하고, 중국 학자들이 化라고 하는 부분은 달月 혹은 물고기魚로서 鮮을 의미한다고 봅니다. 化부분을 달로 보면 朝이고, 물고기로 보면 鮮을 강조한 '조선'입니다. 명칭으로는 조선전朝鮮錢 혹은 조월전朝月錢이라 해야 할 듯합니다.

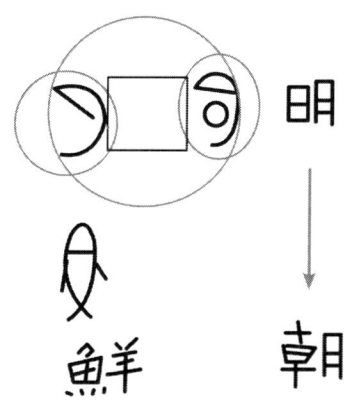

3) 일화전(一化錢)

마지막 일화전一化錢은 무엇일까요? 여기서 一은 十 두 개인 ////입니다. 즉 朝나 韓의 산 혹은 나무(목책)를 의미합니다. 왼쪽은 달 혹은 물고기로서 역시 조선朝鮮을 의미합니다. 중간 口 부분이 우물이 되어 조선朝鮮을 표현하는 가장 줄임 문양이 됩니다. 저는 조한소전朝韓小錢이라 부르고 싶습니다.

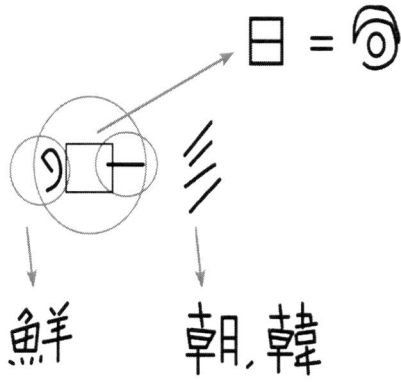

4) 드디어 자모음 통합도를 찾고 증명하다.

 이렇게 화폐 위에서도 고조선의 국명을 확인한 후 잠시 함경북도 나진시에서 나온 토기 문자를 보니 이전에 알지 못했던 부호의 비밀을 알게 되었습니다.

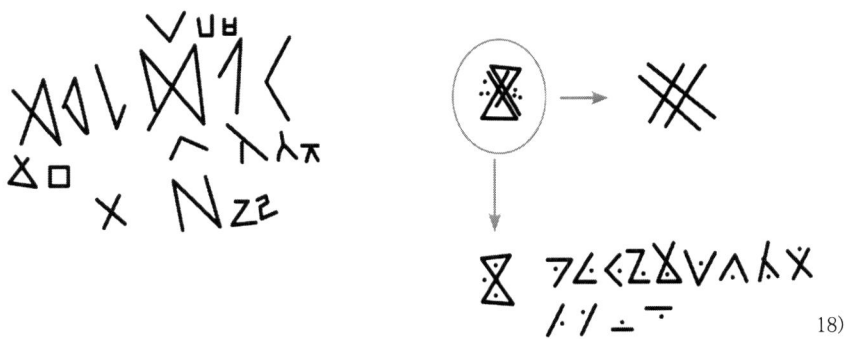

18)

---

18) 이형구, 앞의 책, 132~133쪽; 남풍현, 「韓國의 古代口訣資料와 그 變遷에 대하여」, 임용기·홍윤표 역, 『국어사 연구 어디까지 와 있는가』, 태학사, 2006, 626쪽 참조.

이 왼쪽 나비 표시는 #과 동일하고 오른쪽 부호처럼 쌍자음 문자를 만드는 과정 중에 나온 문자에서 위아래 ―을 생략해서 #이 된 것입니다. 아울러 흔히 한자 五라고 해석하는 장구 모양은 역시 #과 마찬가지로 자모음 통합도입니다. 아래 아 한글은 원래 문자 중심에 점이 있는 것이고, 이는 첨수도 문자에서 다 확인할 수 있습니다. 가림토도 마찬가지 입니다. 문자의 위와 중간에 점을 둔 가림토 문자는 진짜이고, 점선토 구결문자에서 왜 모음이 수직선이 아닌 빗금 /으로 표시되는 가도 입증했습니다. 점은 곧 1개, 2개 점층적으로 가능합니다. 세종께서 모음에 점을 굳이 선택하신 이유는 이 도형과 가림토 문자에 있다고 봅니다.

긴 문자 수사 여행이었지만, 고조선 화폐(침수도, 첨수도, 명도전) 위의 문자는 고조선 고유의 상형한글이고, 상형한자조차 고조선의 선조들인 환웅 시절의 선인들에 의해 만들어졌을 가능성에 대해서도 생각해 보는 의미 있는 문자 여행이었습니다.

참고문헌

|서적|

고태규, 『훈민정음과 작가들』, 날개, 2007.
국립김해박물관, 『咸安于巨里土器生産遺蹟 (함안우거리토기생산유적)』, 국립김해박물관, 2007.
김준연, 『고금 횡단 한자여행』, 학민사, 2008.
단재 신채호 원, 박기봉 옮김, 『조선상고사』, 비봉출판사, 2006.
박대종, 『나는 언어정복의 사명을 띠고 이 땅에 태어났다』, 대종언어연구소, 1999.
박창범, 『하늘에 새긴 우리역사』, 김영사, 2002.
복기대, 『요서지역의 청동기시대 문화연구』, 백산자료원, 2002.
북애, 고동영 옮김, 『규원사화』, 한뿌리, 2005.
성삼제, 『고조선 사라진 역사』, 동아일보사, 2005.
신상순·이돈주·이환묵 외, 『훈민정음의 이해』, 한신문화사, 1988.
우실하, 『동북공정 너머 요하문명론』, 소나무, 2007.
윤내현, 『우리 고대사: 상상에서 현실로』, 지식산업사, 2003.
이덕일·김병기, 『고조선은 대륙의 지배자였다』, 역사의아침, 2006.
이민화, 『스마트 코리아로 가는 길: 유라시안 네트워크』, 새물결, 2010.
이일봉, 『실증 한단고기』, 정신세계사, 1998.
이종호, 『과학으로 찾은 고조선』, 글로연, 2008.
이형구, 『발해연안에서 찾은 한국 고대문화의 비밀』, 김영사, 2004.
임용기·홍윤표, 『국어사 연구 어디까지 와 있는가』, 태학사, 2006.
임재해 외, 『고대에도 한류가 있었다』, 지식산업사, 2007.
전정례·김형주, 『훈민정음과 문자론』, 역락, 2002.
정연종, 『한글은 단군이 만들었다』, 넥서스, 1996.
정형진, 『실크로드를 달려온 신라왕족』, 일빛, 2005.

조영언, 『한국어 어원사전』, 다솜출판사, 2004.
최영애, 『한자학강의』, 통나무, 1997.
최종철, 『환웅 단군 9000년 비사』, 미래문화사, 1995.
한국역사연구회 고대사 분과, 『고대로부터의 통신』, 푸른역사, 2004.
허대동, 『고조선 문자』, 도서출판 경진, 2011.
허일범 편저, 『티베트어의 기초와 실천』, 민족사, 1990.

리쉐친(李學勤), 심재훈 옮김, 『중국 청동기의 신비』, 학고재, 2005.
앨버틴 가우어 지음, 강동일 옮김, 『문자의 역사』, 새날, 1995.
오량보(吳良寶), 『선진화폐문자편(先秦貨幣文字編)』, 복건인민출판사(福建人民出版社), 2006.
하림의(何琳儀), 『전국고문자전(戰國古文字典)』, 중화서국(中華書局), 2004.
화광보(華光普), 『중국고전대집(中國古錢大集)』, 호남인민출판사(湖南人民出版社), 2005.

|인터넷 사이트|
〈고천원지〉, http://www.chcoin.com, 고조선화폐(명도전, 첨수도) 사진이 올라와 있는 곳.
〈Omniglot-the guide to languages, alphabets and other writing systems〉, http://www.omniglot.com/writing/brahmi.htm, 전 세계 문자가 정리되어 있는 곳.
〈Daum 국어사전〉, http://alldic.Daum.net/index.do?dic=kor, 자료제공 - 고려대 한국어 대사전.
〈네이버 지식 사전〉, http://terms.naver.com.
〈계림의 국토박물관 순례〉, http://blog.Daum.net/kelim/12670765.
〈책을 벗 삼아〉, http://blog.Daum.net/santaclausly/11793600.
〈금척과 천부경〉, http://blog.naver.com/ldk3113/80022175284